李异鸣 编

非 常 言
1840—1949
中国人的非常话语

北方文艺出版社

图书在版编目（CIP）数据

非常言 / 李异鸣编. -- 哈尔滨：北方文艺出版社，2006.11（2018.4重印）

ISBN 978-7-5317-2100-0

Ⅰ. ①非… Ⅱ. ①李… Ⅲ. ①中国–近代史–史料 Ⅳ. ①K250.6

中国版本图书馆CIP 数据核字（2006）第004081号

非常言
FEICHANG YAN

编者 / 李异鸣

责任编辑 / 王金秋

出版发行 / 北方文艺出版社
邮编 / 150080
地址 / 黑龙江现代文化艺术产业园 D 栋 526 室

网址 / www.bfwy.com
经销 / 新华书店

印刷 / 北京高岭印刷有限公司
字数 / 160 千
版次 / 2016 年 11 月第 1 版

开本 / 640×1020 1/16
印张 / 13.75
印次 / 2018 年 4 月第 3 次印刷

书号 / ISBN 978-7-5317-2100-0

定价 / 46.00 元

目　录

contents

史景第一

林则徐开展虎门销烟，英国人不服，与清朝在广东开战，不胜而北击福建，又败，再北击渤海湾天津。渤海湾是清朝内海，完全可以水陆夹击痛歼英军，而道光帝吝惜银两，不愿再与英军开战，致使英军得地得款。大清赔列强的银两越多，人家来打大清的军队也越多。英法德日美俄，个个狼吞虎咽。几十年后，清朝就亡了。

道光帝派人审问英俘，所提问题是："该国地方周围几许？""英吉利到回疆有无旱路可通？""与俄罗斯是否接壤？"

《南京条约》签订后，道光帝很难受。清史记载："上退朝后，伏首于便殿阶上，一日夜未尝暂息，侍者但闻太息声，漏下五鼓，上忽顿足长叹。"

道光病重时，将奕詝、奕䜣一起召到榻前，以便决定究竟由谁来继承皇位。两位皇子事先都向各自的师傅讨教对策。奕䜣的师傅荀秉恬教奕䜣说："上如有垂询，当知无不言，言无不尽。"奕詝的师傅杜受田则很会揣摩皇帝的心理，他献计道："阿哥如条陈政，知识不敌六爷。惟有一策，皇上若自言老病，将不久于此位，阿哥惟伏地流涕，以表孺慕之诚而已。"奕詝如法炮制，道光帝果然大悦，说皇四子仁孝，于是把奕詝定为皇太子。

1860年10月18日，接到命令的3500名英军冲入圆明园，点燃了罪恶之火。一个曾参与英军罪恶活动的牧师在追忆中写道："焚烧的命令发布后，不久就看见了重重的烟雾由树林里蜿蜒曲折升腾起来。顷刻间，几十处地方都冒出了一缕缕的浓烟密雾。不久，这缕缕的烟，聚成一团团的烟，又集合成弥天乌黑的一大团，万万千千的火焰向外爆发出来，烟青云黑，遮天蔽日。"

1861年11月2日，咸丰帝尸骨未寒，慈禧便联手恭亲王奕䜣发动辛酉政变，次日即在密云抓住头号政敌肃顺。肃顺非杀不可，但用什么罪名杀，却颇费周章；大臣们密商了三日，想出这么几条：一、矫传遗诏，自封顾命大臣——这条已被史料证伪；二、擅坐御座——这条无法证实，也不可证伪；三、"于传取应用物件，抗违不遵"——这是唯一一条可以落实的罪名。

清政府在甲午中日战争中战败，这对坚持洋务运动的奕䜣来说刺激很大。他总结过去：自自强新政以来，虽"人人有自强之心，亦人人为自强之言，而迄今仍并无自强之实"。他忧患未来："以一小国之不驯，而备御已苦无策，西洋各国之观变而动，患之濒见而未见者也，倘遇一朝之猝发，而弭救更何所凭。"为此，他呼吁全国应"上下一心，内外一心，局中局外一心，自始至终，坚苦贞定，且历之永久一心，人人皆洞悉底蕴，力事讲求，为实在可以自立之计，为实在能御外患之计，庶几自强有实，而外侮潜消"。

1873年，同治帝下旨重修圆明园。第二年，工程全面铺开，内外重臣普遍认为这是劳民伤财之举，恭亲王奕䜣也屡屡谏阻重修圆明园。同治帝大怒，以奕䜣"召对失仪""无人臣礼"为由，下旨降奕䜣为郡王，并撤去一切职务。翌日，慈禧出面，"加恩赏还"奕䜣亲王世袭罔替。此后，奕䜣对慈禧更加俯首帖耳。

1876年(光绪二年)6月,朝廷决定为两宫皇太后册封徽号。按惯例,册封大典由大学士捧上册宝。此次,两位太后同时册封,用人必然要比以往多,于是礼部上奏,要求派大学士16名。这一奏折闹出了笑话。大学士为辅臣首列,是正一品官。其地位崇高,因而朝廷授受历来审慎。按例大学士只有4名,加上协办大学士满、汉各一人,合计是6人。礼部是掌管礼仪的衙门,奏折中凭空多出了10名大学士,此等疏忽,尤为不该。当时翁同龢为光绪帝的老师,在日记上写了三个字:"可笑也。"

1890年(光绪十六年),清德宗(载湉)皇帝举行大婚盛典,各国国家元首和驻北京使节纷纷致贺。大英帝国维多利亚女王送来的贺礼是一座供玩赏的自鸣时辰钟,钟上用汉字镌刻着一副贺联:"日月同明,报十二时吉祥如意;天地合德,庆亿万年富贵寿康。"贺者无心,受者有意。慈禧一见"日月同明"的镌字后,立马脸就拉长了。当即指示大太监李莲英将英国时辰钟搬出大殿,匿迹避忌。德宗皇帝知道后,觉得英国女王的贺联,并非有意嘲弄朝廷,弃之不展,有碍中英外交关系。但在慈禧的怒颜威慑下,未敢进言缓颊。

慈禧太后忙做六十大寿,翁同龢等大臣上奏要求,能不能寿诞从简,节约宫中开支以补充前线的军费,慈禧听后不悦道:"谁要是令我一时不快乐,我就要他一生都不快乐。"

1895年4月17日,清政府议和全权大臣李鸿章和日本首相伊藤博文在日本马关签订了《马关条约》。条约的主要内容为:割辽东半岛、台湾全岛及所有附属岛屿、澎湖列岛给日本;赔偿军费白银两亿两;开放沙市、重庆、苏州、杭州为通商口岸;允许日本在中国的通商口岸开设工厂,产品远销中国内地免收内地税。

1896年(光绪二十二年),清政府派遣北洋大臣、直隶总督李鸿章作为外交特使,赴西欧和俄国做礼节性的访问。在欢迎会上,按照国际惯例，要演奏宾、主两国国歌。李鸿章临时编制了一首七绝诗，以充国歌，其词曰："金殿当头紫阁重，仙人掌上玉芙蓉。太平天子朝天日，五色云车驾六龙。"后来人们称它为《李中堂乐》。

1903年，俄国公使夫人向慈禧赠送沙皇照片。德龄在她的回忆录中记道："我们忙着准备一切，等候渤兰康太太光临。大约在十一点钟光景，她来了，先由我妹妹在会客厅接见她，然后引她进仁寿殿见太后。太后登了宝座，皇帝坐在太后左边，我站在太后右边做翻译。太后穿着黄缎绣袍，上面绣着彩凤和'寿'字，还镶着金边，满身挂着鸡蛋般大的珍珠，手上戴着许多金镯、金戒指和金护指。我妹妹领着渤兰康夫人进殿，夫人就向太后行礼，太后也与她握握手，夫人呈上沙皇全家的相片。太后讲了一篇措辞极美的欢迎辞，并谢了沙皇帝后的盛意。我都替她翻成了法语，因为大使夫人不懂英语。太后又命皇帝与夫人相见，于是皇帝与她握握手，并问俄皇帝后安好。于是太后走下宝座，带大使夫人到她的宫中，在那里她们谈了约有十分钟。太后又命我引夫人见皇后。"

1906年7月13日，光绪皇帝发布上谕："时至今日，惟有及时……仿行宪政，大权统于朝廷，庶政公诸舆论，以立国家万年有道之基。"从此"立宪"口号开始成为当时中国的官方话语。

慈禧太后病危，张之洞请定大计，慈禧太后只是点头。第二天，慈禧太后让奕劻去察看易州陵墓的工期，密召世续及张之洞入内，宣布将立的皇上要继承同治皇帝的位置。将立的皇上，是醇亲王载沣的儿子，已经4岁了。世续及张之洞唯恐皇后再出垂帘听政，所以一起上奏慈禧太后说："国有长君，社稷之福，不如径立载沣。"慈禧太后戚然道："卿言诚是，然不为穆宗立后，终无以对死者。今立溥仪，仍令载沣主持国政，是公义私情而无所憾也。"张之洞说："然则宜正其名。"慈禧问："古有之乎？"张之洞回答道："前明有监国之号，国初有摄政王之名，皆可援以为例。"慈禧太后说："善，可两用之。"

1911年8月19日，革命党人在武昌发动起义，成立军政府，各省纷纷宣告独立。消息传来，清廷一片慌乱。面对眼前的严峻形势，载沣被迫以皇帝名义下“罪己诏”，试图通过自我责斥摆脱危机的局面。诏书中明显吐露出他对大清王朝可能就此不保的极度忧虑，并把自己应该承担的责任归结为两个方面：一是说自己的才干不足，“用人无方，施治寡术”；二是说受小人蒙蔽，官绅只顾谋私，自己对这些“不知”“不觉”。诏书的最后这样写道：此时财政外交，困难已极，我军民同心一德，犹惧颠危。倘我人民不顾大局，轻听匪徒煽惑，致酿滔天之祸，我中华前途更复何堪设想！朕深忧极虑，夙夜彷徨，惟望天下臣民共喻此意。将此通谕知之。

1912年2月12日，隆裕太后以清廷的名义，颁布了宣统皇帝退位诏书。其文曰：前因民军起事，各省响应，九夏沸腾，生灵涂炭。特命袁世凯遣员，与民军代表，讨论大局。议开国会，公决政体。两月以来，尚无确当办法。南北睽隔，彼此相持。商辍于途，士露于野。徒以国体一日不决，故民生一日不安。今全国人民心里，多倾向共和。南中各省，既倡议于前；北方诸将，亦主张于后。人心所向，天命可知。予亦何忍因一姓之尊荣，拂兆民之好恶。是用外观大势，内审舆情，特率皇帝将统治权公诸全国，定为立宪共和国体。近慰海内厌乱望治之心，远协古圣天下为公之义。袁世凯前经资政院选为总理大臣，当兹新旧代谢之际，宜有南北统一之方，即由袁世凯以全权组织临时共和政府，与民军协商统一办法。总期人民安堵，海宇乂安。仍合满、蒙、汉、回、藏五族完全领土为一大中华民国。予与皇帝得以退处宽闲，优游岁月，长受国民之优礼，亲见郅治之告成，岂不懿欤！

南京政府迎袁专使来北京后，袁世凯命令部下发动“北京兵变”。兵变的第二天，唐绍仪去访问袁世凯，正巧碰上曹锟戎装革履推门而入。曹锟向袁世凯请安后说：“报告大总统，昨夜奉大总统密令，兵变之事已办妥矣！”袁世凯见曹锟说漏了嘴，立刻大骂：

“胡说，滚出去！”

为了限制袁世凯的独裁统治，宋教仁于1912年改组同盟会为国民党，组成内阁第一大党，用来牵制袁世凯的势力。改组后的国民党以“巩固共和，实行贫民政治”为宗旨，以“保持政治统一，发展地方自治，厉行种族同化，采取民生政策，保持国际平和”为纲领。

袁世凯准备用武力消灭南方的国民党，他以中国的盐税做抵押、以监督中国财政做交换条件，与英、法、德、日、俄五国签订了2500万英镑的“善后借款合同”。上海《时报》刊出“袁总统前日令人传语国民党人”的谈话，声称：“现在看透孙、黄除捣乱之外无本领，左又是捣乱，右又是捣乱。我受四万万人民付托之重，不能以四万万人之财产生命，听人捣乱。自信政治军事经验、外交信用，不下于人。若彼等能力能代我，我亦未尝不愿，但今诚未敢多让。彼等若敢另行组织政府，我即敢兴兵征伐之！国民党诚非尽是莠人，然其莠者，吾力未尝不能平之。”

袁世凯先后罢免了国民党江西都督李烈钧、广东都督胡汉民、安徽都督柏文蔚，然后挥兵南下，打算消灭国民党。李烈钧在湖口起义，通电讨袁，列举袁世凯“乘时窃柄，帝制自为，灭绝人道，暗杀元勋，弁髦约法，擅借外债，盛暑兴师”等等罪状，“二次革命”爆发。

“二次革命”失败后，袁世凯迫切地要改临时总统为正式总统，1913年10月6日参众两院进行正式总统的选举。由于袁世凯做贼心虚，担心国会议员不选自己，于是他派出几千名便衣警察、侦探、土匪、流氓等组成所谓的公民团，在选举的这天，把国会围得水泄不通，议员们只许进不许出，并在门外大声叫喊：“今天不选举出我们中意的大总统，你们就休想出来！”两院议员从上午8时进场投票，一直忍饥挨饿，到晚上10时才得恢复自由，经过三次投票选举，袁世凯才被选为正式大总统。

袁世凯致电黎元洪及各都督、民政长，说国民党自恃在国会中居于多数地位，“为虎作伥，危害国家，颠覆政府，事实俱在，无可讳言”。此电一发，袁世凯的心腹干将心领神会，于是，要求解散国会的电报纷至沓来，其中以冯国璋、倪嗣冲、张勋、张镇芳、汤芗铭等北洋军阀叫嚣得最凶。倪嗣冲还说：“似此害群之马不除，天下安有和平之望，拟请通令京外各处，将国民党一律解散。”

袁世凯复辟帝制如火如荼，孙中山发表了讨袁宣言，他在《讨袁檄文》中怒斥袁世凯：“非法攘攫正式总统，而祭天祀孔，议及冕旒，司马之心，路人皆见。”他指出“袁贼妄称天威神武之日，即吾民降作奴隶牛马之时，此仁人志士所为仰天椎天，虽肝胆涂疆场，膏血润原野而不辞也。军府痛宗国之陆沉，愤独夫之肆虐，爰率义旅，誓殄元凶，再奠新邦，期与吾国民更始”。

梁启超等进步党人反对变更国体，他发表了《异哉所谓国体问题者》一文，在社会上风传一时。他还与自己的学生蔡锷面议，在云南举兵讨袁。1915 年 12 月 25 日，云南宣布独立，成立云南军政府，以唐继尧为都督，并组成护国军。蔡锷任第一军总司令，出兵四川；李烈钧任第二军总司令，出兵湘赣；第三军为预备队，唐继尧兼任总司令。

袁世凯帝制失败后，不甘心退出历史舞台，他于无奈之中撤销了帝制，但仍以大总统的名义发布命令。《十九省公民否认袁世凯冒称总统书》痛斥袁“不知有国民，不知有议会，不知有约法，不知有公论”，严正声明：“袁逆不死，大祸不止。”尽管袁世凯为保全自己的总统之位费尽心机，但还是无济于事。而袁世凯的心腹们此时也弃袁不顾。在众叛亲离之中，在全国人民痛骂之下，袁世凯一病不起，死于 1916 年 6 月 6 日。

袁世凯死后，黎元洪以副总统身份出任大总统，段祺瑞为国务总理。适值第一次世界大战爆发，美国提议给中国贷款作为经费，要求中国参战。当时，日、美两国都想操纵中国参战，以加强对中国的控制。日本极力拉拢段祺瑞，美国则支持黎元洪，从而引发了段祺瑞的国务院与黎元洪的总统府之间的斗争，是为“府院之争”。

段祺瑞通过张勋来达到自己掌权的目的，但他坚决反对临时约法和恢复旧国会，想另谋成立由自己操纵的新国会。孙中山把国会和约法看作共和国的真谛，他于1917年7月17日到达广州，正式举起了护法运动的旗帜。他说：“约法为民国命脉，国会为法律本源。国会存，则民国存；国会亡，则民国亡。”

第一次世界大战结束后，中国作为战胜国参加巴黎和会，许多国人认为中国“能与英、法、美并驾齐驱”，和会是“国人仰手伸眉，理直气壮，求公判于世界各国之会”。许多社会舆论欢呼“公理战胜强权，将来的世界上，弱国小国可以出头了”，从此以后“人道有了光明，民智可以普遍了”。而当美国提出山东归五国共管的建议后，国人的幻想与希望彻底破灭了，“什么公理，什么永久和平，什么威尔逊总统十四条宣言，都成了一文不值的空话”。

陈独秀坚定地从事革命活动，已经成为一个有很大影响的社会主义宣传者。他提出：“现在如不能用武，就改用文。”他用革命的宣传活动，启发教育人民，准备革命力量。他认为：“世界上的军国主义和金力主义，已经造了无穷罪恶，现在是应该抛弃的了。”

在孙中山的奋斗史上，“曾经无数次地向资本主义国家呼吁过援助，结果一切落空，反而遭到无情打击”。苏俄十月革命胜利后，孙中山希望俄国能成为中国革命的真诚盟友。他认识到“法美共和国皆旧式的，今日唯俄国为新式的，吾人今日当造一最新式的共和国”。

1927 年 10 月，毛泽东率领工农革命军到达井冈山地区，领导当地军民开展游击战争，进行土地革命，建立革命政权。翌年 4 月，朱德、陈毅率领南昌起义的部分军队与毛泽东领导的工农革命军会师，合编为中国工农红军第四军。

1928 年南京国民政府完成二次北伐，改北京市为“北平特别市”（简称“平”），并立南京为首都（简称“京”）。国民政府所用之“青天白日满地红”国旗取代北洋政府的五色国旗（其后东北易帜），并订于国府的《训政时期约法》中。《约法》相当于宪法。《卿云歌》亦停用，改以 1924 年孙中山在黄埔军校开训典礼所撰训辞“三民主义，吾党所宗。以建民国，以进大同。咨尔多士，为民前锋。夙夜匪懈，主义是从。矢勤矢勇，必信必忠。一心一德，贯彻始终”为国歌。

日本帝国主义侵略东北的局势日益危急，蒋介石却公开提出“攘外必先安内”和对日不抵抗的主张。1931 年 8 月 16 日，蒋介石电令张学良：“无论日军此后如何在东北寻衅，我方应予不抵抗，力避冲突。”9 月 6 日，张学良电令东北各军：“对于日人，无论其如何寻事，我方务当万分容忍，不可与之反抗致酿事端。”

1931 年 9 月 18 日，在日本军部法西斯分子的直接策划下，关东军制造了震惊世界的“九一八”事变，24 小时内攻占沈阳和长春，不到一百天就侵占了相当于日本本土面积 2.5 倍的整个东北。1932 年 3 月成立了傀儡政权“满洲国”。

“九一八”事变后，全国人民的抗日呼声日高，从 9 月下旬开始，各地学生代表纷纷汇集南京，请愿抗日。1935 年 12 月 9 日，在中共的领导下，北平学生率先走上街头举行示威，提出“停止内战，一致对外”和“打倒日本帝国主义”等口号，很快得到了各地人民的响应。1936 年 5 月，爱国人士宋庆龄、邹韬奋、陶行知、章乃器等发起成立“全国各界救国联合会”，主张“停止内战，一致对外”，许多爱国团体纷纷加入。全国又一次出现了抗日救亡运动的高潮。

中国共产党自“九一八”事变后，就坚定地举起了抗日的旗帜。1933 年初，中共发表宣言，提出在停止进攻红军、给民众以自由和武装民众三个条件下，愿同任何进攻红军的国民党军队订立抗日协定。1935 年 8 月 1 日，在莫斯科的中国代表团发表了著名的《八一宣言》，号召各党派和全国同胞组织抗日联军和国防政府，共同反对日本帝国主义。同年 12 月，中共中央召开瓦窑堡会议，确定了建立广泛的抗日民族统一战线的方针。

1933 年，日军发动了对热河、察哈尔的进攻，热河省主席兼第 5 军团总指挥汤玉麟不战而逃，日军兵不血刃地占领承德。承德沦陷后，日军又分别向长城冷口、喜峰口、古北口等处进攻，突破长城防线，进一步向华北扩大侵略。中国守军奋起抵抗，几经激战，被迫后撤。日军占领长城各口，打开了进军关内的门户。1935 年，日本统治集团根据“征服支那”的既定方针，又相继制造了张北事件、察东事件、河北事件，迫使中国政府签订《秦土协定》《何梅协定》，据此，中国在河北和察哈尔的主权大部丧失。随后，日本又制造丰台事件、香河事件，唆使河北省政府督察专员殷汝耕在河北东部成立“冀东防共自治政府”。在内蒙，日军模仿制造伪满洲国的故伎，以内蒙古德王为傀儡，成立了伪蒙古军政府。至此，与东北相邻的内蒙、热河、察哈尔和河北一部都被日军控制了。

1934 年蒋介石提出了“不绝交、不宣战、不讲和、不订约”的对日外交方针。在次年的国民党第五次代表大会上，国民党当局虽然对于中日妥协仍抱有一定幻想，但又声称：“抱定最后牺牲之决心而为和平最大之努力，期达奠定国家复兴民族之目的。”华北危急后，蒋介石开始试探联合苏联的可能并设法与中共谈判。然而，由于国民党单方面的条件变化，提出要红军解除武装，国共两党的秘密谈判没有结果。蒋介石再次准备以武力消灭红军。

蒋介石在南京对全国300多师生代表讲述对日政策，表示：“中国决不签订任何损害国家主权的条约，也不订立秘密条款，如到最后关头，则当不惜一战。”1936年7月13日蒋介石在国民党五届二中全会上做《御侮之限度》的报告，对“最后关头”做了解释。他说：“中央对外交所抱的最低限度，就是保持领土主权的完整，任何国家要来侵扰我们领土主权，我们绝对不能容忍，我们绝对不订立任何侵害我们领土主权的协定，并绝对不容忍任何侵害我们领土主权的事实。再明白些，假如有人强迫我们签订承认伪国等损害领土主权的时候，就是我们不能容忍的时候，就是我们最后牺牲的时候。”

张学良、杨虎城发动西安事变，逼蒋抗日，在捉拿蒋介石的时候，张学良曾焦急地说：“若找不到蒋，我要把自己的头割下来，请虎城兄拿到南京去请罪，了此公案。决不能因为要停止内战，而引起内战。若再引起内战，那我张某人变成了千古罪人！”

卢沟桥事变发生的第二天，中共中央即向全国发出了《中国共产党为日军进攻卢沟桥通电》，疾呼：“平津危急！华北危急！中华民族危急！只有全民族实行抗战，才是我们的出路。”

卢沟桥事变标志着日本全面侵华，7月17日蒋介石在庐山发表谈话，彻底表明抗战决心：“如果战端一开，那么就地无分南北，人无分老幼，无论何人皆有守土抗战之责任。”

平津相继沦陷后，蒋介石发表谈话，他说：“平津失陷为战争开始，为奇耻大辱，绝无与敌谈和余地。”1937年8月8日，蒋介石发表《告抗战全体战士书》，书中说：“这几年来的忍耐，骂了不还口，打了不还手，完全是为了安定内部，完成统一，充实国力，到最后关头来抗战雪耻！现在既然和平绝望，只有抗战到底，必须全国一致起来，与倭寇拼个你死我活。”

1944年8月27日，蒋介石在国民参政会三届三次会议上，发出“一寸山河一寸血，十万青年十万军”的号召，鼓动知识青年从军入伍。年底，12万知识青年被编为青年远征军，成为抗日力量的重要组成部分。

1945年8月15日，日本正式宣布无条件投降。从1931年“九一八”事变到抗战胜利的14年中，据初步统计，中国的直接损失约600亿美元，间接经济损失约5000亿美元。

1945年8月25日，毛泽东一行人到达重庆与蒋介石进行谈判。在机场，毛泽东发表了简短的演说，重申了中国共产党的“和平、民主、团结”的原则。他说：“目前最迫切者为保证国内之和平，实施民主政治，巩固国内团结。国内政治上，军事上所存在的各项迫切问题，应在民主、团结的基础上加以合理解决，以期实现全国之统一，建设独立、自由与富强的新中国。望中国一切抗日政党及爱国者志士团结起来，为实现上述任务而共同奋斗。”

1946年6月，国民党蒋介石凭借其军事优势和美帝国主义的援助，悍然发动了中国历史上规模空前的内战。10月13日蒋介石发出内战密令：“督励所属，努力进剿，迅速达成任务。”面对蒋介石的疯狂进攻，中共中央坚决主张抵抗，毛泽东向全党发出指示，号召广大解放区“以自卫战争粉碎蒋介石的进攻”。

1947年5月，上海学生走向街头进行反内战反卖国的爱国宣传，他们喊出“要饭吃、要和平、要自由”的口号。

1948年，于右任参加副总统选举。当时的候选人除他以外，还有孙科、程潜、李宗仁等，竞争相当激烈，有的人还大发钞票，请客送礼的贿选情形时有发生。由于于右任两袖清风，既没钱请客，也送不起礼，于是他就提笔为每一个与会代表写了“为万世开太平”的条幅，然后裱好送出。但毕竟是金钱贿选时代，他这种方式毫无作用，所以没有被选上。

1948年9月，辽沈战役开始。国共双方战地主帅都是黄埔学生。这次战役以国民党大败而告终，蒋介石气得大发雷霆：“林彪是四期的，而你们是一期的，全是一期的……教官打不过学生，一期打不过四期！”

1949年9月21日，中国人民政治协商会议第一次全体会议决定：中华人民共和国定都于北平，自1949年9月27日起改名为北京；采用公元纪年；以《义勇军进行曲》代国歌；以五星红旗为国旗；在天安门前建立人民英雄纪念碑。

1949年10月1日下午3时，首都30万群众齐聚天安门广场，举行开国大典。林伯渠宣布典礼开始，乐队奏国歌。毛泽东开动电钮，第一面五星红旗冉冉升起。这时，在军乐声中54门礼炮齐鸣28响。56岁的毛泽东向全世界庄严宣告：“中华人民共和国中央人民政府已于本日成立了！”

国事第二

道光二十年(1840),英国侵略者发动了可耻的鸦片战争。道光帝慑于英舰的威胁,对内亲信主和派的谗言,改变了抗英态度,决定惩治林则徐。9月17日,道光任命琦善为钦差大臣赴广东“查办”。林则徐虽然身处不利的境地,但仍然坚持抗英斗争。他还上书给道光帝,阐述了抗英的必要性。同时还建议朝廷制造坚实精致的船炮,坚决抵抗侵略者。他言辞恳切地指出:“即以船炮而言,本为海防必需之物,虽一时难以猝办,而为长久计,亦不能不先事筹维……若前此以关税十分之一,制炮造船,则制夷已可裕如,何至尚行棘手?”昏庸的道光帝竟把这些卓越见解斥责为“无理,可恶!”10月3日,以“误国误民,办理不善”的莫须有罪名将林则徐、邓廷桢革职。

1849年,道光病逝,奕詝即皇帝位,改次年为咸丰元年,并加封奕䜣为恭亲王。他之所以在奕䜣的亲王爵上加一个“恭”字,目的显然是希望这位很受父皇喜欢的弟弟,对自己也能恭谨服从。当然,咸丰对奕䜣还是另眼看待的,1852年,恭亲王分府时,就把当时京城内最好的一座宅第赐给了他。

第二次鸦片战争期间,咸丰十年(1860)八月二十二日,英法联军焚抢了被誉为“万园之园”的圆明园。据英国《泰晤士报》称:“据估计，被掠夺和破坏的财产，总值超过600万英镑。在场的每个军人都掠夺很多，在进入皇宫的宫殿后，谁也不知道该拿什么。为了拿金子，而把银子丢了；为了拿镶有珠玉的饰品和宝石，又把金子丢了；无价的瓷器和珐琅器，因为太大不能运走，竟被打碎……”

咸丰十年冬，英、美租界先后划定，英租界占地489亩，美租界占地131亩。次年五月划定的法租界后来居上，占地达493亩。光绪二十一年，德国借口干涉日本交还辽东半岛“有功”，开辟了占地1000余亩的租界。光绪二十四年，日本又根据《马关条约》强占了1600余亩的租界。

洋务派兴建军事工业，以咸丰十一年（1861）曾国藩创办安庆军械所为起点，其后有同治四年曾国藩、李鸿章在上海、南京所办的江南制造总局和金陵机器局。同治五年，左宗棠创建的福州船政局，同治六年崇厚创办的天津机器局以及光绪十五年张之洞创办的湖北枪炮厂等。由于遇到资金来源、原材料供应及交通运输等困难，洋务派转而兴办民用企业，以同治十一年（1872）李鸿章在上海创立轮船招商局为发端，其后还有李鸿章于光绪四年、光绪五年相继开办的开平矿务局、上海机器织布局和天津电报总局，以及光绪十六年（1890）张之洞创办的汉阳铁厂等。

咸丰死后，年仅6岁的皇子载淳即位，上层统治者之间展开了一场激烈的权力角逐。以载垣、端华、肃顺为代表的八位顾命大臣，坚决反对太后垂帘听政，双方剑拔弩张，气氛极度紧张。当时醇郡王奕𫍽在热河，由于和小皇帝有着特殊的亲属关系，使得他果断地站在太后一边，并积极采取行动。他与在京师的恭亲王奕䜣联络，在热河与北京之间，悄悄地进行着周密的政变筹划。其后，他亲自带兵在半壁店拿下了肃顺，把他解京弃市。关于奕𫍽的这段经历，溥仪在《我的前半生》中有生动的回忆：我很小的时候曾听说过这样一个故事：有一天，王府里演戏，演到《铡美案》最后一场，年幼的六叔载洵看见陈世美被包龙图铡得鲜血淋漓，吓得坐地大哭，我祖父立即声色俱厉地当众喝道："太不像话！想我二十一岁时就亲手拿肃顺，像你这样，将来还能担当起国家大事吗？"

中法战争爆发，奕䜣对慈禧太后说："法人吞越，显背公法，专尚诈谋。朝廷不得已而用兵，非徒保护属邦，实以遏绝外侮。此举成败利钝，关系非轻。……臣等惟有秉承庙算，殚竭血诚冀伐狡谋而维全局。"

1865 年，在慈禧的暗中支持下，忽有翰林院编修蔡寿祺上疏参劾恭亲王奕䜣。慈禧召集查办，随即以同治皇帝名义下诏：朕奉两宫皇太后懿旨：本月初五日据蔡寿祺奏，恭亲王办事徇情、贪墨、骄盈、揽权，多招物议，似此劣情，何以能办公事？查办虽无实据，事出有因，究属暧昧，难以悬揣！恭亲王议政之初，尚属谨慎，迨后妄自尊大，诸多狂傲，倚仗爵高权重，目无君上，视朕冲龄，诸多挟制，往往暗使离间，不可细问；每日召见，趾高气扬，言语之间诸多取巧妄陈，若不及早宣示，朕亲政之时，何以用人行政？凡此重大情形，姑免深究，正是朕宽大之恩！恭亲王着毋庸在军机处议政，革去一切差使，不准干预公事，以示朕曲为保全之至意。

同治四年（1865）五月，曾国藩奉命督办直隶（约今河北）、山东、河南三省军务，镇压捻军。他驻营徐州，先后采取重点设防、凭河筑墙、查办民圩的方略，企图在黄河、淮河之间，运河以西，沙河、贾鲁河以东的区域歼灭捻军。因师久无功，次年冬清廷改派李鸿章接替，命其回两江总督本任。1867 年，调任直隶总督。1870 年 6 月，天津发生教案，奉命前往查办，屈从法国势力，处决、遣戍官民数十人，受到社会舆论谴责。9 月，仍还任两江总督。

光绪皇帝载湉 4 岁即位，此时朝政大权被慈禧太后牢牢地控制在自己手中。光绪帝 18 岁时，慈禧为他筹办婚事。选后活动在太和殿进行，经过多次筛选的 5 名秀女依次排列：第一位是叶赫那拉氏——慈禧胞弟桂祥之女，其次是江西巡抚德馨的两个女儿，最后是礼部左侍郎长叙的两个女儿。按照规定，选中妃子授予荷包，选中皇后则授予如意。慈禧将如意递给光绪，假意让他自己挑选皇后。光绪感到有些为难，不敢擅自做主，慈禧却仍故作姿态，坚持让他自己选定。光绪这才慢慢走到德馨的长女面前，正要把如意递到她的手里，这时慈禧却大叫一声："皇上！"并暗示他将如意交给站在第一位的秀女。光绪这才无可奈何地走到桂祥之女面前，把如意授给了她。慈禧看到光绪中意的是德馨的女儿，想到她们一旦被选为妃嫔，也会有夺宠之忧，便不容光绪再选，匆匆命公主把两对荷包交给了长叙的两个女儿。

1888 年 12 月 15 日深夜，紫禁城内贞度门失火。东邻的昭德门、太和门及附近的皮库、毡库、茶库等仓库化为灰烬。大火烧起来后，王公大臣及各部尚书、侍郎、各旗副都统、各衙门司员警卫兵等 7000 余人，用了两天时间，才将其扑灭。火灾过后，光绪帝接连颁布圣谕，奖励救火者。得到奖赏的贵族、官员有 156 人。其他兵丁、杂役等各赏银 2 两，受伤者赏银 10 两。十余处水会赏银万两。肇事者则处死、降级或罚俸不等。翌年正月，光绪帝大婚，此时距离大火发生日仅 40 余天。婚期在即，被烧毁的建筑无法立即修复，于是搭了几座与原建筑同样的彩棚，作应急之用。

鸦片战争后，清政府与外国的交往日益增多，但清朝没有国旗，而只有象征皇权的黄龙旗。1889 年 5 月，一个叫张荫桓的大臣要出使国外，请求朝廷定长方形黄色龙旗为国旗，于是，龙旗就成为清朝的国旗。

1894 年，慈禧太后六十大寿。由于内忧外困，光绪帝颁布圣谕，传达慈禧的旨意，意思是不要大肆庆祝，也不用进献贺礼。而实际上，庆贺的规模非但没有明显的缩减，就连日程安排、进贡的礼品等，也一样都不少。由于臣属们实在"心意诚恳"，慈禧于是特令大臣王公将贺寿贡品于 9 月 25 日前呈进，蒙古王公则于 9 月 26 日呈进。搜刮得盆满钵满的慈禧，发表懿旨说："该王公大臣等仍循旧例呈进贡物，系属出于至诚，若仍不允准，无以申臣下将敬之忱，转若近于矫情，均着加恩赏收。”

郑孝胥听说《马关条约》签订后，在日记中写道：“闻之（和议）心胆欲腐，举朝皆亡国之臣，天下事岂复可问？惨哉！”

1896年，梁启超写道：“……地利不辟，人满为患。河北诸省，岁虽中收，犹道殣相望。京师一冬，死者千计。一有水旱，道路不通，运赈无术，任其项委，十室九空。滨海小民，无所得食，逃到南洋美洲诸地，鬻身为奴，犹被驱迫，丧斧以归。驯者转于沟壑，黠者流为盗贼。”

光绪二十四年（1898）四月二十三日，光绪帝下“明定国是”诏，宣布变法维新。

1898年，戊戌变法运动失败，光绪皇帝被慈禧太后囚禁在瀛台，谭嗣同等六君子惨遭杀戮，很多与变法有关联的人遭到株连。慈禧为了废黜甚至加害光绪，先是颁布诏书说皇帝得了重病，要求各地推荐名医诊治。然而此举却弄巧成拙，遭到了朝野上下的强烈反对，外国驻京公使也非常关注此事，他们一再通过总理衙门交涉，要求为光绪帝诊病。最后，慈禧被迫同意法国医生前往瀛台，结果证明皇帝并没有患重病，借病废帝的企图不攻自破。

1900年，八国联军侵入北京，慈禧太后偕光绪皇帝仓皇西逃，临走时还不忘处置珍妃。命李莲英指挥崔玉贵、王德环将珍妃推入井内。光绪见此情景，心如刀绞，赶忙跪在慈禧面前，请求饶恕珍妃。慈禧厉声斥责光绪，转身命令手下人快执行。珍妃喝令太监不准靠近，径自走到一口八角琉璃井边，自己纵身跳入。崔玉贵马上向井内投了两块大石头。珍妃就这样被残害了，时年仅25岁。

光绪二十六年（1900）八月，八国联军攻入北京，据八国联军总司令瓦德西记录说："联军占领北京以后，曾特许军队公开抢劫三天。由此而死之人，究有若干，实永远不能调查。所有中国此次所受毁损及抢劫之损失，其详数将永远不能查出，但为数必然重大无疑。"

逃出京城后的慈禧一行，睡土炕，吃粗粮，时而一日三餐、住宿都无法保证，要向百姓乞求玉米充饥，咀嚼秫秸秆解渴。然而，此行人一到太原即忘记伤痛，故态复发：享用祖宗当年巡幸时的行宫，着令各省解送钱粮，继续挥霍。各省接到命令，立即开始筹措银粮，先后解送太原的银两达 500 万之多。行至西安后，愈发铺张。翌年折返京城，开始大修道路，建华丽行宫、驿站、公馆不计其数。而各省孝敬慈禧的私财，从金银到珍奇宝物用 3000 辆大车还装载不完。

1902 年慈禧太后发布劝戒缠足上谕："汉人妇女，率多缠足，由来已久，有伤造物之和。嗣后缙绅人家，务当婉切劝导，使之家喻户晓，以期渐除积习。"

1903 年 1 月 18 日，清政府特别为克林德碑举行落成典礼，并派醇亲王载沣前往致祭。对此，一位在场的美国人有如下记述：北京的各国公使馆中的外交使节还有他们的夫人、孩子都参加了落成仪式。到场的还有很多中国官员，有的代表当地政府，有的来自清朝的中央政府和外务部。慈禧太后派醇亲王参加落成典礼，并由他亲自洒酒祭奠。不管他是否喜欢这样做，醇亲王还是表现出了一个大清帝国亲王的非凡气度。醇亲王双手托着一个中国古代祭祀时用的三角酒杯，那桐把酒从一个造型独特精美的大酒杯中倒进醇亲王手中的酒杯。醇亲王似乎在做自己不喜欢的事情，这是我所见到的唯一一次。我还听说了另外一件事：中国人认为，中国政府之所以建造这个石拱门，不是为了纪念克林德，而是为了纪念杀死克林德的人。

光绪三十年，德国皇储来华，时光绪帝已被软禁，接见他的自然是慈禧太后了，所以不但拍下了接见的场面，而且让他在京城内外到处照相。据说，慈禧还以帝王出巡的仪式将自己的照片赠送给德国皇后，算是代表自己去德国游历。这可谓是中国统治者对西方科研成果独出心裁的运用。

光绪三十一年(1905)九月，清政府派出载泽、端方等五大臣出洋考察政治。五大臣考察归国后，奏报清廷称立宪可使“皇位永固”“外患渐轻”“内乱可弭”。清政府于光绪三十二年(1906)七月正式宣布“预备仿行宪政”。于光绪三十四年(1908)八月一日颁布《钦定宪法大纲》，宣布以九年为立宪的预备期。

庚子赔款后，清廷实行“新政”，在大办新式学堂的同时，遣出大批的留学生。留学人中，以赴日者最多：1901 年为 280 人，1905 年增加到 800 人，1906 年则激增到 23000 人。其中官费留学者最多。之所以派大批人员赴日，湖广总督张之洞在其《劝学篇》中，有这样的解释：“同文、同种、同省。”

光绪末年，善耆觊觎奕谟的位置，蠢蠢欲动。善耆本人轻佻，威仪不足，经常亲执鼓板和下人杂坐弹唱，然其财力雄厚，与之争风者，一时无二。

袁树勋曾被提为顺天府尹，奕谟向其借银 50 万两，不得，于是对任命一事抑而不发。袁随后被提为湖南铁路总办，临行前拜谒慈禧太后。慈禧问起顺天府的事，袁说：“……旅居数月，尚未接到任命。”慈禧愕然，方知是奕谟从中作梗。

1908 年 11 月 14 日，慈禧任命载沣为监国摄政王，规定：着摄政王载沣为监国，所有军国政事，悉秉承予之训示，裁度施行。俟嗣皇帝年岁渐长，学业有成，再由嗣皇帝亲裁政事。15 日，慈禧病势转危，自知回天无术，应该全面交权了。于是，她又颁布一道懿旨：现予病势危笃，恐将不起，嗣后军国政事，均由摄政王裁定。遇有重大事件，必须请皇太后懿旨者，由摄政王随时面请施行。

1908 年末，慈禧和光绪相继去世。慈禧的灵柩停在皇极殿，光绪的灵柩停在乾清宫。按照礼仪，群臣应哭灵三天。然而，大臣中除了孙家鼐伏地痛哭外，余者皆无戚容。

光绪帝和慈禧太后死后，遗命 3 岁的溥仪即皇帝位，其父醇亲王载沣为监国摄政王，光绪皇后叶赫那拉氏则成了清朝继慈禧之后的又一位皇太后。按照慈禧遗命，监国摄政王载沣需在太后面前称臣，代行国政时遇有大事也要向她请示。但隆裕对此并不满足，总觉得摄政王监国之制与她的想象相差太远，于是便迁怒于载沣，常常与他为难。宣统二年七月十三日，毓朗、徐世昌被载沣任命为军机大臣。可几天以后，隆裕却不说明任何理由，硬要载沣撤掉这两个人。起初载沣还婉言相劝，想把时间拖延一下再说。然而隆裕并不肯罢休，弄得一向软弱的载沣也不免生起气来，说太后不应干预用人行政之权，两位军机大臣才未被撤职。

慈禧死后，载沣正式开始行使监国摄政王的职权。为了进一步树立自己的权威，他于 10 月 27 日以宣统帝溥仪的名义颁布诏书：本月二十二日，钦奉大行太皇太后（慈禧）懿旨：军国政事，均由监国摄政王裁定。是即代朕主持国政，黜陟赏罚，悉听监国摄政王裁度施行。自朕以下，均应恪遵遗命，一体服从。懿亲宗族，尤应懔守国法，矜式群僚。嗣后王公百官，倘有观望玩违，及越礼犯分、变更典章、淆乱国是各情事，定即治以国法，断不能优容姑息，以致败坏纪纲，庶几无负大行太皇太后委寄之重，而慰天下臣民之望。

1909 年（宣统元年）2 月 6 日，清廷颁布诏谕，禁止蓄养买卖奴婢，此次废奴诏谕规定："凡从前旗下家奴""概听赎身，放出为民""其经放出及无力赎身者，以雇工人论"。自此，历经两千余年的奴婢制度告终。

1911年9月26日,清廷批准了袁世凯提出的内阁成员名单,皇族无一人参与。这时的载沣也已精疲力竭。10月16日,他向隆裕太后面奏请求退位:“自摄政以来,于今三载。用人行政,多拂舆情。立宪徒托空言,弊蠹因而丛积。驯致人心瓦解,国势土崩。以一人措施失当,而令全国生灵横罹惨祸。痛心疾首,追悔已迟。倘再拥护大权,不思退避,既失国民之信用,则虽摄行国政,诏令已鲜效力,政治安望改良!泣请辞退监国摄政王之位,不再干预政事。”

1912年(中华民国元年)1月1日晚上10点,孙文在南京两江总督府宣誓就任中华民国第一任临时大总统,宣读誓词如下:“倾覆满洲专制政府,巩固中华民国,图谋民生幸福,此国民之公意,文实遵之,以忠于国,为众服务。至专制政府既倒,国内无变乱,民国卓立于世界,为列邦公认,斯时文当解临时大总统之职,谨以此誓于国民。中华民国元年元旦。”

1912年,临时政府在南京成立,教育部对公众征求可能的国歌,后来颁布了中华民国临时国歌,由沈恩孚作词、谱曲的国歌拟稿,歌名《五旗共和歌》:亚东开化中华早,揖美追欧,旧邦新造。飘扬五色旗,民国荣光、锦绣山河普照。吾同胞,鼓舞文明,世界和平永保。

1912年1月6日,袁世凯以全体国务员的名义,进宫面见太后和小皇帝溥仪,并递上了一份密折。后来,溥仪在《我的前半生》中这样回忆当时的情景:我糊里糊涂地做了三年皇帝,又糊里糊涂地退了位。在最后的日子里所发生的事情,给我的印象最深的是:有一天在养心殿的东暖阁里,隆裕太后坐在靠南窗的炕上,用手绢擦眼,面前地上的红毡子垫上跪着一个粗胖的老头子,满脸泪痕。我坐在太后的右边,非常纳闷,不明白两个大人为什么哭。这时殿里除了我们三个，别无他人，安静得很，胖老头很响地一边抽缩着鼻子一边说话，说的什么我全不懂。后来我才知道，这个胖老头就是袁世凯。这是我看见袁世凯惟一的一次，也是袁世凯最后一次见太后。如果别人没有对我说错的话，那么正是在这次，袁世凯向隆裕太后直接提出了退位的问题。

1912年4月1日，孙中山先生为促成南北统一，毅然辞掉临时大总统的职务，由袁世凯继任，并于当月19日南下福州。当船抵马尾时，孙中山看到欢迎人群中晃动着“欢迎孙大总统”“孙大总统万岁”的纸旗，就立即命令把纸旗去掉，方才登岸，他还生气地对福建都督孙道仁说：总统交卸后就是平民了，怎么还称我总统呢？“万岁”二字是封建专制皇帝要他手下的臣民对他的称呼，我们的革命先烈为了反抗“万岁”二字，流了多少鲜血，丢了多少头颅！我如接受这个称呼，如何对得起先烈呢？

1913年2月22日，隆裕太后因患痰症医治无效，在紫禁城长春宫去世，享年仅46岁。据说她在弥留之际，对侍于病榻前的小皇帝垂泣道：“汝生帝王家，一事未喻而国亡，而母故茫然不知也。吾别汝之期至矣。”说完便离开了人世。隆裕六脉既绝，清室便以逊帝溥仪的名义颁布哀旨：朕以冲龄，钦奉皇祖妣孝钦显皇后懿旨，承继皇考穆宗毅皇帝为嗣，并兼皇考德宗景皇帝之祧……兼祧皇妣大行皇太后，……自去岁冬令以来，渐致违和。屡进汤药调理，方期日就安痊。不意服药罔效，遽于正月十七日丑时，仙驭升遐，……谨遵遗制，穿孝百日，并素服二十七日，稍申哀悃。

1913年3月20日晚10点40分左右，宋教仁在上海准备乘火车去北京，就在他和几个送行者走进检票口，刚伸手去取检票员剪过的车票时，突然一声枪响，众人只见一个黑衣矮个子窜逃而出，同时宋教仁用手摸着自己的右腰，大叫说：“我中枪了，有刺客！”

1915年1月18日，日本外相加藤高明把企图变中国为日本保护国的“二十一条”当面递交袁世凯。他说：“日本政府向大总统表示诚意，希望中日悬案能够早日解决。同时也是大总统向日本表示善意的一个良好机会。中日悬案解决，中日两国的亲善关系加强，日本政府希望贵大总统高升一步，在商谈中，请贵大总统严守秘密。”5月25日，袁政府与日本正式签订了这个亡国条约。袁世凯厚颜无耻地通电各省文武长官说：“日本既有让步，无损主权，故决定由外交部即日答复。此案已结，中外敦睦，希饬属晓谕通知。”同时，他却亲笔写了两道密谕告诫各省文武长官，不要忘记5月9日这个日子的惨痛教训。

同年5月，孙中山复函北京学生，揭露“二十一条”真相，指斥袁世凯“袁氏以求僭帝之故，甘心卖国而不辞，祸首罪魁，岂异人任？”

1915年，袁世凯任命王士珍为陆军总长，其人城府很深，在政府里面，大家都以为他是个好好先生。当很多人上表劝袁世凯早日登基，但王士珍始终不肯在劝进书上签字，筹安会里少数激进分子恫吓他，他也不以为然。有一次雷震春又找他啰唆，他端坐在太师椅上，眼皮也不抬，淡然地说：“自己人嘛！不要来这一套。”

1915年12月，袁世凯接受“国民代表大会”的“推戴”，各省的“推戴书”上都一字不差地写道：“谨以国民公意，恭戴今大总统袁世凯为中华帝国皇帝，并以国家最上完全主权奉之于皇帝，承天建极，传之万世。”13日，袁世凯在居仁堂受文武百官朝贺，改国号为“中华帝国”，以1916年为“洪宪元年”，决定在元旦举行“中华帝国皇帝”的登基大典。

1917年6月16日，溥仪身穿朝服，登上养心殿宝座。张勋首先跪下磕头，口称“臣张勋跪请圣安”；溥仪赐坐，张勋再次磕头谢恩，然后就坐了下来。关于他们之间的谈话内容，溥仪后来回忆道：我按着师傅的教导，问他徐、兖地方的军队情形，他说了些什么，我也没用心去听。我对这位“忠臣”的相貌多少有点失望。他穿着一身纱袍褂，黑红脸，眉毛很重，胖乎乎的。看他的短脖子就觉得不理想，如果他没胡子，倒像御膳房的一个太监。我注意了他的辫子，的确有一根，是花白色的。后来他的话转到我身上，不出陈师傅所料，果然恭维起来了。他说：“皇上真是天亶聪明！”我说：“我差得很远，我年轻，知道的事挺少。”他说：“本朝圣祖仁皇帝也是冲龄践祚，六岁登极呀！”我连忙说：“我怎么比得上祖宗，那是祖宗……”

1917年，康有为伙同张勋发动复辟，身为康有为学生的梁启超却支持段祺瑞，讨伐复辟。当时有人对梁启超说：“你的老师康有为正在建立新朝，你却草檄声讨，不为老师留丝毫余地，这在师徒情谊上实在讲不过去。”梁启超回答道：“师徒归师徒，在政治方面，不妨各有其主张，我不能与我师同为国家罪人。”

1918年5月4日，孙中山发表通电，被迫辞去大元帅职，指出“吾国之大患，莫大于武人之争雄。南北如一丘之貉”。离粤取道日本返沪。6月26日抵上海，“专理党务，对于时政，暂处静默”“对于时局问题，实无具体办法”。

1918年11月，第一次世界大战以“协约国”获胜而告终。当德国投降的消息传来时，国人欣喜若狂，均以战胜国而自豪。北京政府为此三日大庆，并在故宫太和殿前举行了大型阅兵典礼。北京各学校亦放假三天，以示庆贺。北京商民“闻此佳信，笑逐颜开，鼓掌欢舞，遂纷纷高揭国旗，张灯结彩，五光十色，辉煌耀目，全城街市顿呈一种兴高采烈之景况”。

1919年1月28日的巴黎和会上，日方代表牧野伸显坚持要求继承战败国德国在山东的权益。面对气焰嚣张的日方代表，身为中国代表之一的顾维钧强忍心头怒火，站起来冷静地说：“西方有位圣人叫耶稣，他被钉上十字架的所在地耶路撒冷，如今成为基督教的圣地，谁都不可侵犯。在场诸位代表先生，应该同意我的这番话吧！”他见众代表点头，于是继续说，“我们东方也有一位圣人，名叫孔子，不但是中国，就连邻近的日本，也承认他是圣人。牧野先生，您说对不对？”牧野伸显只得点头同意。顾维钧顿了一顿，环顾众人，朗声说：“山东是孔子的故乡，是我们中国人的圣地，也是所有认为孔子是圣人的圣地，当然就不容侵犯了。”他的一席话，说得牧野伸显哑口无言。

1919 年 5 月 3 日晚，北大及北京各校代表在北大法科大礼堂集会，决定次日在天安门游行示威。会议首先由《京报》社长、北大新闻研究会讲师邵飘萍发表演说。他在演说的最后大声疾呼：“现在民族危机系于一发，如果我们再缄默等待，民族就无从挽救而只有沦亡了。北大是全国最高学府，应当挺身而出，把各校同学发动起来，救亡图存，奋起抗争。”他的讲演使会场的气氛变得格外热烈。各校代表纷纷登台，慷慨陈词，北大法科学生谢绍敏咬破中指，撕下衣襟，血书“还我青岛”四个大字。会议当场通过了次日在天安门前大示威的决议。

1919 年 5 月 4 日下午 1 时许，北京 12 所学校的 3000 多名学生，从四面八方汇集到天安门前。他们手持小旗、条幅，上写着“取消二十一条”“还我青岛”“誓死力争，保我主权”“宁为玉碎，不为瓦全”“争回青岛方罢休”“头可断，青岛不可失”等字样。他们高呼“外争主权，内惩国贼”“拒绝在和约上签字”“抵制日货”等口号。

1919 年 10 月 10 日，孙中山宣布改组中华革命党为中国国民党（加“中国”二字，以区别 1912 年的国民党），并公布规约，“以巩固共和，实行三民主义为宗旨”。

1920 年秋，李大钊、张申府、张国焘成立了北京共产主义小组。

1920年11月,中国的共产主义者起草了《中国共产党宣言》,它明确指出:“共产主义者的目的是要按照共产主义者的理想,创造一个新的社会。”

1921年7月,中共一大在上海法租界正式召开,确定了党的纲领(即《中国共产党党的纲领》)和决议(即《中国共产党的第一个决议》)。

1921年,溥仪所在深宫安装上了第一部电话。电话装好后,电话局送来了电话本。16岁的溥仪开始兴致勃勃地给人打电话,先是让全聚德送鸭子来,又学京腔打给杨小楼,随后又拨通了留洋博士胡适的电话。接电话的正是胡适本人,于是溥仪请他来宫里走走。没两天,小太监递进了“北京大学教授胡适”的名片。二人开始了第一次宫廷会晤。胡的到来,在社会上引起了轩然大波,许多人指责胡适作为新文化运动的代表人物,不该去觐见废帝。胡适则说,他并不是去见一位前朝的皇帝,而只是去见一个可怜的少年。事实上,接到溥仪的电话,胡适亦激动不已。从紫禁城养心殿回来,就连夜给溥仪的英文老师庄士敦写了一封信,信中说:“……我不得不承认,我很为这次召见所感动。我当时竟能在我国最末一代皇帝——历代伟大君主的最后一位代表的面前,占有一席位。”

1922年,溥仪刚满16岁,将届“大婚”之年。他虽早已宣告退位,但仍留在紫禁城内,过着皇帝生活,照例要选后选妃。按照清朝制度,皇帝挑选后妃必须从满蒙王公大臣的女儿中挑选。这时,文绣12岁,家世和年龄都合乎条件,于是被选中,居婉容之下称妃。1922年,溥仪结婚,文绣被娶进宫内。

1922年7月,中国共产党在上海召开了第二次全国代表大会。大会通过并发表了《中国共产党第二次全国代表大会宣言》。宣言明确指出：中国共产党的目的，就是要组织无产阶级，用阶级斗争手段，建立劳农专政，铲除私有制度，实现共产主义。这是党的最高纲领和最终奋斗目标。在现阶段，党的奋斗目标是：消除内乱，打倒军阀，建设国内和平；推翻帝国主义的压迫，实现中华民族的完全独立；统一中国为真正的民主共和国。

1923 年 1 月，共产国际执委会做出了关于国共合作的决议，肯定了“中国共产党党员留在国民党内是适宜的”。为了统一全党思想，正式确定党的统一战线的方针，1923 年 6 月，中国共产党在广州召开了第三次全国代表大会，确定了国共合作的方针政策。

1923 年 7 月 16 日，随着逊清皇帝溥仪的一声令下，在宫中当差的近千名太监，一天之内都被驱逐出了紫禁城。这在当时算得上是一件了不起的大事，一时间溥仪受到了新闻媒体的普遍赞誉：宣统皇帝的这种行动，受到本地新闻界和一般老百姓的欢迎，人们把宣统作为今天少数进步的满族王公之一向他欢呼，如果他早出生三四十年，也许不会有中华民国。

黄埔军校于 1924 年 5 月正式建立，6 月 16 日举行开学典礼。孙中山亲临讲话，勉励学生：“从今天起，立一个志愿，一生一世，都不存升官发财的心理，只知道做救国救民的事业。”

1924 年 6 月 16 日，黄埔军校开学典礼。孙中山演讲完毕后，胡汉民用广东话宣读“总理训词”：“三位煮鸡，萝卜大葱……”众人硬是没听懂他说些什么，事后看了贴在墙上的训词，才恍然大悟——“三民主义，吾党所宗。以建民国，以进大同。咨尔多士，为民前锋。夙夜匪懈，主义是从。矢勤矢勇，必信必忠。一心一德，贯彻始终”。这篇总理训词后来成为黄埔军校学生的座右铭，为历届学员所熟诵。

1925 年，孙中山卧病北京协和医院，有人推荐名中医师陆仲安来诊治，被孙中山拒绝了。他说：“我自己学过医，知道中医靠经验有时也能把病治好，西医根据科学，有时也医不好病。但科学犹如船上的罗盘，行船用罗盘有时也会到不了岸，不用罗盘的船有时也会到岸，但我宁愿相信罗盘。”

1926年7月9日，国民政府举行北伐誓师典礼，蒋介石就任国民革命军总司令，发表北伐誓词：“国民疾苦，水深火热；土匪军阀，为虎作伥；帝国主义，以枭以张。本军兴师，救国救民；总理遗命，炳若晨星。吊民伐罪，迁厥凶酋；复我平等，还我自由。嗟我将士，为民前锋，有进无退，为国效忠；实行主义，牺牲个人；丹心碧血，革命精神……”

1927年春，北伐军开到南京，有一位政治部科员贪污，被判死刑。当那位科员被带出来准备行刑时，大家都认为执行军法的总指挥何应钦会训斥那位科员一番，但是他并没有大动肝火，只是连连对那科员说：“你不行，太不行了，革命纪律无法饶恕你。”

1927年6月中旬，汪精卫集团加紧筹划“分共”。随后，便发出了“宁可枉杀千人，不可使一人漏网”的反革命口号，并在武汉地区对共产党员和革命群众进行大屠杀，制造了“七一五”反革命政变。

1927年8月7日，中共中央在汉口召开紧急会议，毛泽东在会上做了重要发言，指出党今后“要注意军事”，“须知政权是由枪杆子中取得的”。从此，“枪杆子里出政权”便成为中共革命理论的重要组成部分。

1931年，旧历九月十三日，淑妃文绣与末代皇帝溥仪协议离婚。当时报载：“皇妃因不堪帝后的虐待，太监的威逼，自杀未遂，设计逃出，聘请律师离婚。这是数千年来皇帝老爷宫中破天荒的一次妃子革命。”文绣离婚后终身未嫁，过了20多年平民生活，

1950 年因病去世。后来溥仪感叹万分："现在想起，文绣早日和我离了婚，到后来才没有成为婉容第二。我认为这不但是她的一个胜利，也是她平生幸福生活的起点。"

"九一八"事变发生时，蒋介石在南昌密电张学良："沈阳日军行动，可作为地方事件，望力避冲突，以免事态扩大。一切对日交涉，听候中央处理。"蒋介石坚决采取"军事上不抵抗，外交上不屈服"的对日方略使日本加快了吞并全东北的步伐。

"一·二八"事变后，蒋光鼐、蔡廷锴通电全国，表示"为卫国保种而抵抗，虽牺牲至一卒一弹决不退缩"。

日本占领东北后，其关东军参谋部制定了《满蒙问题解决方案》，确定"建立以宣统帝为元首，领土包括东北四省及蒙古，得到我国支持的新政权"。1932 年 3 月，日本扶植溥仪成立伪满洲国。

1933 年，十九路军蒋光鼐、蔡廷锴等反对蒋介石独裁，联合国民党内李济深等一部分反蒋势力在福建成立中华共和国人民革命政府，发表《人民权利宣言》，认为"国民党政府为买办军阀地主豪绅之反革命政府"。将福建省划分为闽海、延建、兴泉、龙汀四省，任命萨镇冰为延建省省长，省会设在南平。在举行中华共和国人民革命政府成立典礼时，萨镇冰发表演讲，他说："我们不是做官，是为老百姓服务，当以民众利益为先，个人利益为末。"

1933 年 5 月，冯玉祥、吉鸿昌、方振武成立察哈尔抗日同盟军，通电全国"望全国民众，一致奋起，共驱强寇，保障民族生存，恢复领土完整"。6 月，收复多伦。7 月，在张家口成立收复东北四省计划委员会，提出要"相率中原豪杰，还我河山"。冯玉祥等的爱国行动，违背了蒋介石"攘外必先安内"的反动政策，在蒋介石的极力阻挠、破坏下，察哈尔抗日同盟军的抗日活动归于失败。

1934 年，蒋介石推行新生活运动，山东省政府主席韩复榘奉命大力提倡。一次他在“省垣各界推行大会”上致辞时说：“蒋委员长倡导的新生活运动，我百分之百赞成，只有一点，我左思右想，怎么也想不通……蒋委员长要行人走路靠右边，那么左边的马路谁来走呀？”

1935 年 10 月 1 日，中国共产党发表了《为抗日救国告全体同胞书》。宣言指出：“近年来，我国家我民族已处于千钧一发的生死关头。抗日则生，不抗日则死，抗日救国，已成为每个同胞的神圣天职！”11 月 13 日，长征到达陕北的中共中央发表了《为日本帝国主义并吞华北及蒋介石出卖华北出卖中国宣言》，号召全国人民“动员起来，武装起来，组织起来，拥护和参加中国共产党所领导的抗日反蒋的战争”。

1937 年，日本先后攻陷华北、南京，占据中国大片领土，国民政府被迫自南京迁往重庆，展开十四年抗战的后八年全面抗战。当时，中华民国所属国民革命军投入战争计步兵 128 个师、46 个独立旅；骑兵 9 个师，又 6 个独立旅；炮兵 4 旅，20 个独立团，正规军合计 170 万人。

在敌后根据地开辟期间，为了树立全国人民抗战必胜的信念，毛泽东在 1938 年 5 月发表了《论持久战》一文，科学地预见了持久战的三个阶段：战略防御、战略相持、战略反攻，深刻地阐述了人民战争思想和游击战争的战略地位。他指出：“兵是胜利之本。”

1938 年 11 月 11 日，日军攻占岳阳，进逼长沙。蒋介石下令：长沙如失陷，务将全城焚毁。13 日凌晨 1 时，城内有二三处起火。士兵看到火光，以为长沙失陷，便多处纵火。长沙城顿时一片火海。大火连烧三天三夜，长沙城完全被毁。

1938 年 12 月，以国民党副总统汪精卫为首的亲日派集团，公开叛国投敌。1940 年春，汪精卫在南京成立了效忠于日本帝国主义的伪国民政府，并与日本签订了一系列的卖国协定，大肆出卖国家利益。

1940 年 8 月到 12 月，八路军在华北向日军发起以破坏和袭击敌人交通线为重点的全面攻击。前后加入战斗的有一百多个团的兵力，史称百团大战。经过三个半月的激战，毙伤日军 2 万余人，攻占据点 2000 处，破坏铁路 500 公里，给日军以沉重的打击。

1941 年 1 月，国民党蒋介石发动了皖南事变，掀起了第二次反共高潮。皖南事变发生后，周恩来愤然挥笔写下："为江南死国难者志哀"及"千古奇冤，江南一案，同室操戈，相煎何急?！"

1941 年 12 月 7 日，日本偷袭珍珠港，中美英正式对日德意宣战，中国战区遂正式成为二战盟军反法西斯战争战场。盟军委托蒋中正任中国战区(含越南、泰国、高棉，高棉为今柬埔寨)统帅，派史迪威中将任蒋参谋长。英国封锁之滇缅路亦开放向中国后方运补。同时，国民党军队也派出精锐部队远征南方，留下了转战缅因州、血战昆仑关等事迹。

1945 年 8 月 6 日 8 时 15 分，美国在日本广岛上投下了第一颗原子弹，顷刻之间，广岛市化为火海。当日，日本外相把有关事项上奏天皇。天皇面谕：敌既已使用此种武器，则战争之继续更不可能，为获得有利条件起见，不得丧失结束战争之时机；关于条件，当有协商余地，应努力结束战争。9 日上午 10 时 30 分，美国又在日本长崎投下了另一颗原子弹，给日本法西斯以沉重的打击，对加速日本投降起了重要作用。

1945 年 8 月 9 日，在苏联出兵中国东北的同一天，毛泽东发表《对日寇的最后一战》。文中说："由于苏联的对日宣战，对日战争的时间将大大缩短，对日战争已处在最后阶段，最后战胜日本侵略者及其一切走狗的时间已经到来了。”

1945年8月，中国人民迎来了抗日战争的胜利。中国共产党根据全国人民和平建国的迫切愿望，同国民党统治集团在重庆进行和平谈判，努力避免内战，实现国内和平，并试图通过和平的方式实现中国的社会改革。1945年10月10日，国共双方签订了《双十协定》。1946年1月10日，签订了《停战协定》。

以蒋介石为首的国民党统治集团，虚假地与中国共产党进行和平谈判的同时，积极进行内战的准备。1946年6月底，在美帝国主义的支持下，国民党反动派撕毁停战协定和政协决议，悍然对解放区发动全面进攻。中国共产党领导解放区军民英勇地进行自卫，开始了伟大的人民解放战争。

1948年9月至1949年1月，中国人民解放军同国民党军队进行的战略决战，包括辽沈、淮海、平津三个战略性战役。

辽沈战役是第一个战役。辽沈战役从9月12日发起，11月2日结束。在辽沈战役中，人民解放军以伤亡6.9万人的代价歼灭国民党精锐部队47.2万余人，东北全境宣告解放。

淮海战役是第二个战役，是在以徐州为中心，东起海州、西至商丘、北起临城（今薛城）、南达淮河的广大地区进行的。淮海战役中，人民解放军经过66天紧张艰苦的战斗，以伤亡11万余人的代价，歼灭国民党军55.5万人，使长江以北的华东、中原地区基本上获得解放。

平津战役是最后一个战役。平津战役在11月29日发起。平津战役历时64天，人民解放军以3.9万人的伤亡为代价，歼灭和改编国民党军队52万余人，使华北地区除太原、大同、新乡等少数据点及绥远西部一隅之地外，全部获得解放。

辽沈、淮海、平津三大战役，历时142天，共争取起义、投诚、接受和平改编与歼灭国民党正规军144个师，非正规军29个师，合计共154万余人。国民党赖以维持其反动统治的主要军事力量基本上被消灭。

1949年4月15日，中共代表团将《国内和平协定最后修正案》送交国民党政府代表团。但是在南京的国民党政府拒绝接受这个协定，谈判宣告破裂。由于国民党政府拒绝签订《国内和平协定最后修正案》，刘伯承、粟裕指挥的第二、第三野战军（原中原野战军和华东野战军）发起渡江战役，一举摧毁了国民党军的“长江防线”。4月23日解放军占领南京，宣告了延续22年的国民党反动统治的覆灭。

渡江战役后，人民解放军各路大军继续向中南、西北、西南各省举行胜利大进军，分别以战斗方式或和平方式，迅速解决残余敌人，解放广大国土。到1949年9月底，除西南和广东、广西部分地区外，全国大陆绝大部分地区获得解放。国民党蒋介石集团终于被人民赶出中国大陆。

1933年7月11日，中华苏维埃共和国临时中央政府根据中央革命军事委员会6月30日的建议，决定8月1日为中国工农红军成立纪念日。1949年6月15日，中国人民革命军事委员会发布命令，规定以“八一”两字作为中国人民解放军军旗和军徽的主要标志。中华人民共和国成立后，将此纪念日改称为中国人民解放军建军节。

武运第三

自吴淞设防以来，老将陈化成在西炮台边的帐篷里住了两年，风雨寒暑，与士兵同甘共苦。1841 年，台风夹带暴雨，水势漫溢，部将们劝他移帐于干燥高处，他摇摇头说道："大帐一移，三军担忧，且我就高燥，而士卒湫隘，于心何安？"到了严冬，他踏雪巡视营伍，命给衣单的士兵发给棉衣。他从不接受任何贿赂，民谣有"官兵都吸民膏髓，陈公但饮吴淞水"之句。他时常激励将士："武官临阵，斯为奉职，死生固度外事，若畏死，不作武官矣。"

1841 年 2 月 24 日，英军司令伯麦向关天培发出最后通牒，要求关天培放弃虎门各炮台，关天培不予理睬。25 日，英军占领未加设防的下横档岛，安设炮兵阵地。26 日，英军向虎门横档一线清军发动猛攻。关天培在靖远炮台指挥清军作战，顽强抵抗达一个半小时。手下兵士伤亡惨重，他也身负重伤。在战斗最危急时，他命仆人孙长庆将印信送回省城。孙长庆徘徊不忍去，关天培拔刀逐之，并说："吾上不能报天恩，下不能养老母，死有余恨。汝归告妻子，但能孝事吾亲，吾目才瞑。"孙长庆抱印离去，至半山，回首见敌炮已击中关天培。当日，虎门横档一线各炮台失守。

太平军的康天福和钱贵成一起驻守虞城。当时，钱贵成见太平军大势已去，打算归顺朝廷，出卖虞城，以为进身之功。他秘密地同城外的清军约定："我在夜半放火烧城门，你们乘乱杀进城来。"等到夜半，哨兵见城门处有火情，马上报告康天福，康天福认定出了内奸，没有去救火却命人不断地往火堆上添加柴草，使火势越烧越旺。而城外清军看到熊熊大火，根本无法进城，虞城因此得以保全。

太平天国起义，攻破了平乐府城，咸丰帝立刻启用林则徐去平定叛乱。当时林则徐正生病，接到命令后星夜兼程上任，因此加重病情。他的儿子劝他休息，林则徐慨然说："我在新疆，两万里冰天雪地中尚且只身持戈未尝说苦，现在反而害怕劳累？"口占一联："苟利国家生死以，岂因祸福避趋之。"于是带病疾行，鞠躬尽瘁，死于广宁行馆。

咸丰八年七月，李元度率七百人防守玉山，被两万太平军围住。太平军久攻不下，遂掘地道攻之。有一老兵报李元度："贼今穴地，用钲铙掩锄镬声耳！"李元度苦思破敌之术，第二天他令士兵沿城根每隔两丈掘洞，令洞体超出城根外。不到半日，洞成，李元度派人把守之。事情发展，果如元度所料，"（地道）斜穿及洞，众跃起，立毙二贼"。旋又自洞穿处向地道灌水，于是，地道破。太平军攻城计穷，而湘军援兵已在途中，太平军只好撤围。

1885 年 2 月初，冯子材得知法军将再攻镇南关，遂先发制人，袭击法军前方阵地而大胜。二月初七，法军倾巢而出，直扑镇南关，激战一日夜不息。次日中午，法军以火炮击破守军壁垒。七十高龄的冯子材率二子相荣、相华，奋不顾身，短衫草鞋，持矛冲入敌阵，全军为之感动，拼死苦战。法军死伤过半，不能支持，一败而溃，冯军乘胜而进，收复谅山。

1885 年 2 月，法军不费吹灰之力，直逼镇南关。守卫镇南关的主将杨玉科，再也抑制不住心头的怒火，对将士们说："吾百战余生，今得其所矣！"言罢带领将士开关同法军展开了激战，不幸中炮身亡，为保卫祖国的神圣领土献出了宝贵生命。

1885 年 3 月底，冯子材、王德榜等在镇南关大败法军，黑旗军亦取得临洮大捷，形势对中国非常有利。但是，腐败的清政府无视这一胜利，竟与法国签订了屈辱的《中法会订越南条款》。对此，左宗棠内心非常悲愤，不能自已，这年 9 月 5 日，遂病死福州。在临终时口授的遗折中，他这样表述："惟此次越南和战，实中国强弱一大关键，臣督师南下，迄未大伸挞伐，张我国威。遗恨平生，不能瞑目。"

1855 年 3 月 7 日，林凤祥在指挥作战时负重伤，东连镇为僧格林沁攻破，林凤祥在地窖被擒。5 月 31 日，李开芳于山东茌平冯官屯兵败被擒，北伐军全军覆没。在敌酋僧格林沁面前，林凤祥慷慨陈词："余奉命讨胡，功败垂成，恨不能捣穴犁巢，上为上帝报瞒天之仇，下为中国解倒悬之苦，妖奴，汝快砍吾首去，毋污我！"3 月 15 日，林凤祥在北京英勇就义，年仅 31 岁。临刑时，"刀所及处，眼光犹直视之，终未尝出一声"。

1855 年 12 月 12 日，张宗禹带领将士们在邓州唐坡同僧格林沁部展开大战。临战之前，任化邦（所部蓝旗）对张宗禹说："黄旗挫衄之余，恐难当大敌，愿以蓝旗冲锋，黄旗接对，可乎？"张宗禹斩钉截铁地答道："不能冲锋，焉能接对，今日吾不与胡虏俱生矣！"他激励将士，一战破敌。

左宝贵"知势已瓦解，志必死"，乃遵照伊斯兰教礼节，先期沐浴，身着御赐衣冠、黄马褂、珊瑚顶，登陴督战，往来指挥。部下劝他将头上翎顶摘下来，以免暴露自己，他坚定地回答："吾服朝服，欲士卒知我先，庶竟为之死也。敌人注目，吾何惧乎？"他亲自指挥一门重炮向敌人还击。在激烈的战斗中，左宝贵腿上中一弹，据一位亲历这场战斗的哨官回忆："他很敏捷地用一块布将伤口裹好以后，站起来继续鼓舞士兵作战。"他亲量大炮准星，手燃大炮，左右轰击，先后“手发榴弹巨炮三十六弹”。营官杨建春（左宝贵的表弟）见城上危险，欲挽他下城稍避，遭拒绝。这时，颈部又被流弹击中，他强忍剧痛，决心临阵死节。突然一颗炮弹又击穿宝贵的胁下，血流如注，“受伤堕地，犹能言，下城始殒”。为了反抗侵略，维护国家、民族尊严，他献出自己宝贵的生命，时年 57 岁。

清朝爱国将领刘步蟾拜见李鸿章，请求继续加紧扩建海军以巩固海防。李鸿章不以为然，刘步蟾则进一步慷慨直言：“相公居其位，安得为是言！且耳时不备，一旦偾事，咎将谁属？”引得四座悚然，而李鸿章竟被这一片赤诚坦荡之情感动。

张作霖在孔子诞辰的时候，会脱下军装，换上长袍马褂，跑到各个学校去，向老师们打躬作揖，说，我们是大老粗，什么都不懂，教育下一代，全亏诸位老师偏劳，特地跑来感谢云云。

张勋在发动复辟前，与康有为扶乩问吉凶，乩语出现杜甫的诗句“落花时节又逢君”和李白的诗句“江城五月落梅花”。张勋算了算，1917 年闰二月，所以农历五月应在阳历 6 月底与 7 月之间，所以他在 7 月 1 日发动复辟。复辟失败后，张勋心想此次看到了皇帝，是“又逢君”，但下场是“落梅花”，只留下香味而已。于是怪自己对乩语未能领会，才有此失败。

直皖战争大军过境，米面柴草，均由各区供应，遂至谷物一空……秕糠树根，罗掘俱穷，雪地冰天，死亡载道。一个只有过千户商民的市镇，被害者九百余家，钱货损失一百二十余万元，钟表、瓷器、家具等件，均摔碎。

张作霖前往东北讲武堂给毕业生致辞，他乍见台下黑压压的一片，鸦雀无声地望着他，竟紧张起来，他背着参谋们写好的讲稿，刚说出开头一句，就忘记了。僵持了半晌后，张作霖突然破口大骂：“他妈的，我原来背得很熟，但看到你们，一高兴，竟都忘了！”接着他走下讲台，绕着毕业生走了一圈，频问姓名、频拍肩膀，嘴里也叫着：“好小子！”最后他重登讲台，大声说：“我看到大家太高兴，许多要说的话偏想不起来。你们都是好小子，好小子就要好好干！你们毕了业，可以当排长，只要好好干，就可升连长、营长，以至于一路上去当团长。只要你们不贪生怕死、肯努力，想要什么就有什么，想要什么，我都可以给，但只有一样例外，我老婆不能给你们！”

东北帅府门禁森严，张作霖下令道：午夜一过，任何人不准出入。某次他自己晚归，门房不让进，张作霖表明自己是大帅，门房答道：“大帅也不行，大帅规定，超过时间谁都不能进出。”张作霖无奈，只好费了番功夫从后门进入。第二天，他召见门房，夸奖他“不开门，真听话”，同时破格提升他去当看守所所长。门房磕头说：“昨晚不知是真的大帅回来，才没开门的。要我去做官，那怎么行？”张作霖笑道：“你做官不行，我做大帅行吗？我说你行，你就行！”门房又说自己连字都不认识，确实是不行，张作霖不以为然地说：“那好办，给你找一个识字的秘书不就得了。”

吴佩孚好卜卦，某日清晨他卜了一卦，卦云“有不速之客三人至”，他即命人准备四人吃的午饭。但那天等到下午一点钟，却只有两位客人来到。他的副官为了不让大帅出洋相，临时又跑到外面拉了一个不相干的人来凑数，以显卦象之意。由此吴佩孚更相信自己的卜卦灵验无比。

第一次直奉战争后，直系军阀曹锟驻扎保定，吴佩孚开赴洛阳。当时由于派系是非衍生，加上曹家几位兄弟的挑拨，一时谣言四起，都说保定、洛阳即将分家，直系要分裂。鉴于事态日趋严重，曹锟亲发一封电文给吴佩孚，说：洛阳吴子玉弟：兄弟虽亲，不如自己亲，你就是我，我就是你。锟。吴佩孚收电后大受感动，紧张之态缓和下来。

曹锟在保定河北大学校内常召集教职员工和学生们训话，但对教授们很客气，经常主动地与教授们谈心，常自称他本人是一个推车卖布出身的老粗，要依靠教授们办这个学校。有一次召集学生们训话，他说："你们要尊敬教授。这些教授都是由我从南北各省精选过聘请来校的。今后如发现你们对教授有不礼貌的越轨行为，那么我就要你们的脑袋！"说得学生们面面相觑。有时教授们下课到休息室休息，曹锟就进来慰问。天气炎热，他看见教授们在课堂内讲得满面流汗，就命令校工们以后上课时要送毛巾到课堂内给教授们揩汗，并在教室内装置了土冰箱等设备。每到发薪时，他嘱事务处改用大红纸包好薪金用托盘送给教授们。有一次他到解剖室看见教授们正在用显微镜解剖蚕体，说："你们这样精细地用脑筋，每月所得 200 元的薪水真不够你们的血汗呢！"

1922 年 6 月，黎元洪在直系军人的拥护下，复任总统。他每逢周六中午，常邀请政府要员在居仁堂餐叙。在就餐中，他常发牢骚说："总统不是人当的，上个月，自己又垫赔了三万多元，一年下来，就要垫进去三十多万。就连自己的煤矿股票与盐票的利息都垫进去了，长此以往，真不得了。"冯玉祥忍不住问道："总统是旅长出身，怎么有这么多钱？"黎元洪回答说："存的呀！"冯玉祥又问："旅长每月不过数百两银子，怎么存那么多？"黎元洪听罢，不再正面回答而转移了话题。

军阀张宗昌很讨厌新闻记者。1925 年夏，张宗昌率部驻扎南京。一次他与张学良、卢莜嘉闲谈时，侍卫手拿名片进来，报告说是有记者请见。张宗昌看过名片，皱了皱眉，冷冷地对侍卫说："切了吧！"侍卫出去过了一会儿回来报告说："已经将那记者枪毙了。"卢莜嘉闻言大惊，问："为什么要杀他？"张宗昌若无其事地回答道："那记者的名片上，光头衔就列了十几条，足见他绝不是个好人，所以还是切了的好。"

段祺瑞对其子段宏业要求很高，督责甚严。某日，父子两人对弈，结果儿子输了，段祺瑞怒骂他道："下棋都是雕虫小技，你连这方面也不行，真是没用！"第二天父子两个又黑白厮杀，这次段宏业赢了，但段祺瑞还是大骂儿子胸无大志也没甚才能，只能在这些消遣工夫上表现。

1926 年 8 月 27 日，北伐军攻占汀泗桥后，吴佩孚的军队退至贺胜桥。吴闻讯亲抵贺胜桥，枪毙旅、团、营长 9 人，当晚命令部队反扑汀泗桥，并派大刀队督阵。在吴军的猛烈反攻下，北伐军不得不撤出。28 日晨，北伐军再次占领汀泗桥，旋又为敌马济部夺回，两军激烈拉锯。蒋介石此时也来到前线，由于战况惨烈，有将领请求暂停进攻，蒋说："北伐成败关键，在此一战，如果稍一泄气，以后就再也没有争取胜利的机会。吴佩孚的军队，已经是孤注一掷，只要我们能坚决坚持到最后一分钟，一定能获得胜利。"29 日，国民革命军总预备队第一军参加战斗，汀泗桥被彻底攻克。

冯玉祥治兵严格，有一夜，他亲自查营，发现一哨兵站岗时抱着枪睡着了。冯玉祥把他叫醒，训斥哨兵道："玉不琢，不成器。"他要那哨兵解释这句话的意思。睡眼惺忪的哨兵，在迷迷糊糊中竟把那句话听成"遇不着，不生气"，于是胡乱解释说："总司令遇不着我，就不生气了。"冯玉祥闻言一愣，既而哈哈大笑，连准备军棍处置也免了。

中原大战开战前，吴敬恒给冯玉祥发电报，劝他屏息干戈，共同努力建设国家。冯玉祥读后回复道："南京吴稚晖（吴敬恒字稚晖）先生：顷接先生元电，回环读之，不觉哑然失笑。假如玉祥不自度量，复先生一电，文曰：'革命数十年的老少年吴稚晖先生，不言党了，不言革命了，亦不言真理是非了。苍髯老贼，皓首匹夫，变节为一人之走狗，立志不问民众之疾苦，如此行为，死后何面目见先总理于地下乎？'岂不太不好看乎？"

1928 年 6 月 3 日凌晨，张作霖带领从人，从北京乘火车出关。当天晚上，留在北京的黑龙江省督军吴俊升之子吴泰勋，自己在灯下扶乩问事，张学良看见了，就请他问一下大元帅的行止。过一会儿，乩语上出现“大帅归矣”四字，于是张学良笑对吴泰勋说：“谁不知道大帅回去了，这还用问？”不料翌日早晨有消息传来，张作霖在皇姑屯被炸身亡。

1930年中原大战，张学良见大局已明，引军入关，占领北平，成为压垮冯、阎的最后一根稻草。时阎锡山晋军的北平警备司令为楚溪春，张学良东北军的入关先锋是董英斌，两人是保定同期同学，又曾共事，交情深厚。董到丰台火车站，给楚打电话，楚说：“老同学，你来得很好，我是奉令撤退，咱哥儿俩也不用打了，请你进城，我就交防。”而后两人同赴酒馆吃喝，大醉而归。次日，楚带晋绥军撤出北平，北平和平“解放”。

1932年3月4日，日军包围和龙县药水洞，中共党员、村妇女会委员金顺姬被捕。当时金顺姬已将临产，日军对她严刑拷打，逼她说出抗日游击队的下落。烈女金顺姬狠命咬下自己的舌头，将它和口中鲜血一起吐到敌人脸上。日寇又拿出纸笔，逼她写共产党员的姓名和下落，性情刚烈的金顺姬怒目圆睁，一根一根咬断自己的十指。日寇恼羞成怒，将她绑在门板上扔进茅屋，放火烧死。宁死不屈的金顺姬成了东北最早被广为传颂的抗日女英烈。

阎锡山统治山西时，将省内新修的同蒲铁路的铁轨间距缩窄，而原有的正太线也跟着做了调整。同时设计特别的省内窄轨火车，其车轮能伸缩自如，除在山西省境的铁路上行驶外，在外省的标准铁轨上也能行驶。而他省的火车，则进不了山西。阎锡山之所以如此处心积虑地修建这种“阎氏铁路”，主要目的是战争时可以运兵外出，若情势发展于己不利，则可迅速将火车回返山西，而敌人却无法进来。

台儿庄会战开战前，张自忠曾对随军采访的《联合画报》记者表示：“现在的军人，简单讲句话，就是怎样找个机会去死。因为中国所以闹到这个地步，可以说是军人的罪恶。十几年来，要是军人认清国家的危机，团结御侮，敌寇绝不敢来侵犯。我们军人今天要想洗刷罪恶，完成对国家的义务，也只有一条路——去死，早点死，早点光荣地死！”

1935年，时年四十岁的萨师俊调任中山舰舰长，中山舰原名永丰舰，孙中山蒙难时曾登上此舰脱险，具有光荣的历史。中日开战后，中国海军舰只上的主炮都卸到岸上的要塞和炮台上，中山舰也是如此，主炮已上了岸，只剩下舰首舰尾各高射炮一门，另有机关炮两门。这些残缺的装备本已老化，杀伤能力很有限，难以出海应战，活动受到限制，因此，舰上官兵常激愤放言：“为什么不让我们驶出吴淞口，找日本鬼子拼一拼，纵使不敌也光荣战死，轰轰烈烈总胜于在封锁线上挨炸。”

1935年10月19日，毛泽东随陕甘支队一纵队到达陕北保安县的吴起镇，不久，彭德怀率二、三纵队到达陕北与红二十六、二十五军会合。红军到达陕北后，敌人几个师的兵力追击而来。毛泽东当即对彭德怀说：“我们打退追敌，不要把敌人带进根据地。”彭德怀立即布置歼敌阵势。10月21日，彭德怀率师在吴起镇西南山上对准马鸿宾的三十五师骑兵团下手，一举将该团歼灭，随后又打垮了东北军白凤翔的骑兵团。红军乘胜进攻，打垮了敌人另外三个团。敌人受此迎头痛击，溃退回去，不敢进入陕北根据地。吴起镇战斗胜利后，毛泽东异常兴奋，立即挥毫赋诗一首：“山高路险沟深，大军纵横驰奔。谁敢横刀立马？唯我彭大将军。”但彭德怀不居功自喜，立即把诗的最后一句改为“唯我英勇红军”。

1936年冬天，陈毅在梅山被围20余天，生命系于千钧一发之际。他挥毫写下“断头今日意如何？创业艰难百战多。此去泉台招旧部，旌旗十万斩阎罗”的豪迈诗篇，表达了革命到底的决心。

1936年12月12日，张学良和杨虎城发动震惊中外的西安事变，逼迫蒋介石停止内战、枪口对外、全民抗日。蒋介石在万般无奈的情况下，同意“停止内战，一致抗日”。张学良以为蒋介石放下屠刀，便随同钱大钧护送蒋介石返回南京，可是蒋介石一下飞机，立即向戴笠下达了指令：扣留张学良和钱大钧。

1938年春，张自忠被任命为五十九军军长，返回部队那天，他对部众宣誓：“今天回军，除共同杀敌报国外，是和大家一同寻找战死的地方。”全体官民激昂效命，泣不成声。

1938年3月18日，抗联五军主力西征后，留守吉东的三师八团一连15名战士由连长李海峰带领，在行进中与数百日伪军突然遭遇，为避免密营被敌发现，他们放弃撤退入山的机会，就地与敌进行了长达一天的鏖战。傍晚，连长李海峰命令张凤春等4名战士突围，自己和受伤战友留下掩护，后全部壮烈牺牲。不久后，第二路军总部为李海峰等举行了隆重的追悼大会，决定将他们最后坚守的小孤山命名为“十二烈士山”。后任第五军政治委员、中共道南特委书记的季青写了一篇《十二烈士山记》。在这篇文章后，有诗赞十二烈士道：蓝棒山顶云雾重，宝石河边雪花飞。寇贼凶焰犹未尽，十二烈士陷重围。神枪纵横扫射处，倭奴蒙狗血肉堆。竟日鏖战惊天地，胆壮气豪动鬼神。不惜捐躯为革命，但愿失土早回归。他年民族全解放，指点沙场吊忠魂。

第二次缅甸战役开始，新三十八师师长孙立人指挥新三十八师在缅北展开反攻。当部下请示如何处理73名日军俘虏的时候，孙立人当即下令：“这些狗杂种，你去审一下，凡是到过中国的，一律就地枪毙，今后都这样办。”日军第十八师团曾在中国战场上犯下累累罪行，这些俘虏当然在劫难逃。据美国某机构统计，在新一军抗战的整个过程中，保守估计至少有1200名日军战俘被处决。

武汉空战，中国空军飞行员陈怀民首先击落一架日机，而后被5架日机围攻，身受多弹，飞机下坠，他没有选择跳伞，而是瞄准最近的一架日军飞机撞过去，两机同归于尽。他撞机的地方，距他自己的家不到 5 公里，他撞机的时候，他的弟弟正在阳台上观战，向家里喊："我看见一个大火球撞下了一架小日本的飞机……"战后方知，那个大火球，正是他的哥哥——陈怀民。

中国远征军第二百机械化师师长戴安澜在出征前立下誓言："此次远征，系唐明以来扬威国外之盛举，戴某虽战至一兵一卒，也必定挫敌凶焰，固守同古。"三个月后，他在缅北丛林中壮烈殉国。他的部下一直抬着他的遗体在丛山峻岭中跋涉了一个月，终于帮他完成了"魂归故国"的愿望。

国民党四川省主席杨森对即将出征的川军官兵作战前动员。他说："我们过去打内战，对不起国家民族，是极其耻辱的。今天的抗日战争是保土卫国，流血牺牲，这是我们军人应尽的天职，我们川军决不能辜负父老乡亲的期望，要洒尽热血，为国争光。"

"九一八"事变后，日本军队很快侵占了全东北，不甘心做亡国奴的东北军民，曾先后组织了三十万义勇军，奋起抗日，打击日本侵略军，其间，有过十一次袭击沈阳、六次攻打长春、一度控制过北满 16 个县等战绩，给日本人以重创。

抗日战争期间，朱德写下的抗战誓词："我辈皆黄帝子孙，华族胄裔，生当其时，身负干戈，不能驱逐日寇出中国，何以为人？我们誓率全体红军，联合友军，即日开赴前线，与日寇决一死战，复我河山，保我民族，保全国家，是我天职。"建立太行革命根据地后，朱德豪迈地赋七律一首："群峰壁立太行头，天险黄河一望收；两岸烽烟红似火，此行当可慰同仇。"

薛岳年幼崇拜岳飞，取名薛岳，年轻时曾和叶挺分任孙中山大元帅府的护卫营长；抗日战争期间薛岳任第九战区司令长官，指挥万家岭战役，消灭一万多名日军，几乎全歼日军一个整师团；后指挥四次长沙会战，消灭日军 20 多万人，取得抗日战争期间消灭日军的最大战果，受到美国总统罗斯福的表彰。

陈明仁在军阀混战中屡立战功，1930 年 27 岁的他任二十八旅少将旅长。抗日战争时期，陈明仁率部抗日。在九江会战中，参战的其他八个师均溃不成军，独陈部预二师完成了预定任务。次年春，开赴广西参加桂南会战，与日军奋战七天七夜，歼敌 2000 余人，完成任务。1944 年，陈明仁率七十一军进入滇西，腾冲一仗，歼敌 4000 余人，随后，他又指挥了围攻松山，出击龙陵，攻克回龙山等战役，每战皆捷，最后攻克日军的重要据点遮放，协助友军攻克了中缅边界重镇畹町，完成中印两军胜利会师任务。由此，陈明仁被誉为“能战之将”。

中国空军飞行员阎海文在轰炸日本海军陆战队司令部的时候，飞机被击落。幸运的是，他跳伞了。不幸的是，他跳在苏州河日军一侧。他只有一支左轮枪、六发子弹。他要面对数百日军。敌人蜂拥而至。他开了五枪，击毙五个日军。他只有最后一发子弹了。阎海文笑了笑，毫不理会日军让他投降的叫嚣，尽管刺刀已经指向他的胸前。“我中国，无被俘空军！”言毕，枪响。阎海文将这最后一发子弹，留给了自己。

台儿庄会战前期，防守滕县的一二二师官兵损失殆尽，师长王铭章阵亡的消息传到后，滕县县长周同登上城墙坠城自尽，之前他说：“抗战以来，只有殉土的将领，没有殉职的地方官，我要做第一个为国牺牲的地方官。”

1942 年一个夏日午后，宋希濂将军饭后养生，带一个卫士到洱海乘凉散步，刚走到海边村子旁，忽然听到一声枪响，他就叫卫士沿枪声响处去查看。走不多远，发现是司令部一个士兵打死了老百姓的一条狗。宋将军火冒三丈，从卫士身上拔出手枪就把打狗的士兵给枪毙了。事后还查明了他的单位，给所属官长予以管教不严的处分。

1944年5月21日，第三十六集团军总司令李家钰在豫中会战中阵亡，之前他上前线的时候写给其妻子的信件中有“男儿欲报国恩重，沙场捐躯是正道”的句子，表明了他为国家捐躯的决心。

台儿庄战役中，防守庄内的第三十一师损失惨重，师长向孙连仲请求把部队撤出庄子的时候，孙连仲回答：“士兵打完了，你就自己填进去，你填过了，老子来填！”

“为争取最后的胜利，使中华民族永存世上，故成功不必在我，我先牺牲。”抗日战争中，中国军队牺牲的第一位军长、国民革命陆军第九军军长郝梦龄如是说。

国民党军第三军军长唐淮源说：“吾向以老母在而有所虑，今大事已了，此身当为国有，誓与中条山共存亡。”

国民党军第九十八军军长武士敏说：“拼到底，不成功，便成仁。”

国民党军第一二二师师长王铭章说：“你们去吧，继续与敌拼命，不要管我，我死在这里很痛快！中华民族万岁！”

国民党军第十二师师长寸性奇说：“将有必死之心，士无贪生之念。”

“大丈夫为国家尽忠，为民族尽孝，此何恨焉！”国民党军第七十三军暂编第五师师长彭士量如是说。

国民党军骑兵六师师长刘桂五说：“弟此次出发抗日，不成功则成仁，成功则到老家相见，成仁则到九泉相见！”

军事第四

魏源对清军将领的腐败无能深恶痛绝，强调指出“兵无强弱，强弱在将”，有了智勇双全的将领，“就能一人学战，教成百人，百人学战，教成千人”，把整个部队带动起来。他反对那些趾高气扬、庸碌无能和浮滑取巧的纨绔子弟充当统兵将领，主张从部队中考核选拔那些技精胆壮、奉公守法、善于管理部队和懂得用兵韬略的人，分别担任初级、中级和高级指挥官，借以提高部队的战斗力。

曾国藩根据行之多年、成效颇著的经验对湘军军制的首要原则做出概括说：“一营之权全付营官，统领不为遥制；一军之权全付统领，大帅不为遥制。”至于此中原因，曾、左二人都曾做过解释。曾国藩称：“事权宜专。”“近年江楚良将，为统领时即能大展其才，纵横如意，皆由事权归一之故。”又说：“营哨官之权过轻，则不得各行其志。危险之际，爱而从之者或有一二，畏而从之者则无其事也。此中消息，应默察之而默挽之。总揽则不无偏蔽，分寄则多所维系。”左宗棠则称“军事以号令为重，令进则进，令止则止……所谓军法者，明其与寻常法律不同耳。自统领以至营、哨节节相制，然后驱之出生入死之地而不摇”。

关于湘军的训练之法，曾国藩有完备的理论系统，曰：“训有二，出打仗之法，训做人之道。训打仗则专尚严明，须令严阵之际，兵勇畏主将之法令，甚于畏贼之炮子；训做人之道，则全要肫诚。如父母教子，有殷殷望其成立之意，庶人人易于感动。练有二，练队伍，练技艺。练技艺则欲一人足御数人，练队伍则欲百人如一人。”

关于湘军的治军之道，曾国藩创造了“以礼治军”的办法。他认为“带勇之法，用恩莫如仁，用威莫如礼”。用礼治军，使军营风气蒸蒸日上。“所部壮丁习刀矛火器之暇，以《孝经》《四书》争相传诵。每营门夜局，书声琅琅出壕外，不知者以为村塾也”。曾国藩曾骄傲地赞叹说：“吾湖南近日风气蒸蒸日上，凡在行间，人人讲求将略，讲求品行，讲求学术。”

1859 年 6 月 20 日，由侵华海军司令贺布率领的英法联军舰队驶抵大沽口外。该舰队以护送公使进京换约为借口，决定再次进犯大沽，打开白河大门。这时，大沽炮台的守军隐蔽而又严密地监视着敌舰的动向，“炮台营墙不露一人，各炮门用炮帘遮挡”，使侵略军摸不清大沽的设防底细。

1876 年 7 月 28 日至 11 月 6 日，由老湘军统领、前敌指挥刘锦棠所部二十五营和乌鲁木齐都统金顺所部十九营，先后攻克古牧地、乌鲁木齐、玛纳斯等城，收复除俄占伊犁以外的北疆地区。1877 年 4 月 14 日至 18 日，由刘锦棠部、广东陆路提督张曜部和记名提督徐占彪部共 40 余营，分兵三路，攻克达坂、吐鲁番、托克逊三城，打开进攻南疆门户。1877 年 9 月 27 日至 1878 年 1 月 2 日，以刘锦棠率马步三十二营为前锋，张曜率马步十六营为后队，先后收复喀喇沙尔、库车、阿克苏、乌什、喀什噶尔、叶尔羌、英吉沙尔、和阗南疆八城，控制全部南疆地区。

1884 年 6 月，张之洞由海路抵达广州。早在 1883 年，张之洞上奏称：“今日法越之局，惟有一战。”他请朝廷早下抗法决心，并提出了具体的方针，诸如“务持久”“防津”“防烟台”“防粤”“防江南闽浙”“备军火”“速文报”等。为了加强广东防务，他积极地筹划战守之备，并劝谕地方绅民举办团练；又与广东巡抚倪文蔚，在粤的钦差大臣、兵部尚书彭玉麟等人巡阅各海口。

刘锦棠虽已是独当一面的封疆大吏，然而对升官晋爵不感兴趣。伊犁收复以后，刘锦棠多次以祖母老病和自己患脚疾为由，申请开缺回乡。但是，当他听说法国侵略军占领越南袭击谅山，威胁广西、云南的消息后，“不禁积愤填胸”，1884 年 8 月 21 日，刘锦棠上了一道《请率师与法夷决战折》，“请旨率师东下，与之决战，以纾积愤”，并且表示，“臣之脚疾虽迄未痊，而当国家有急，当奋不顾身”。在奏折中，他对敌我力量进行了认真分析，认为只要坚决抵抗，无论陆战、海战，都有把握取得胜利，要求准其自募 6000 人东下赴越，抗击法寇。然而清廷已经决定妥协，断然拒绝了他的请求。9 月 13 日，刘锦棠又上奏请战，再次要求奔赴抗法前线，并且说明这样做只是为了报效国家，而并非邀功请赏。清廷又未准允。

中法战争中台湾的淡水一役，淡水守将福建陆路提督孙开华判断法军难于突破港口的障碍物，必会由北岸海滩登陆，夺占淡水街。据此，他将守军九营在北岸的丛林和高地设伏，待机歼敌。1884 年 10 月 8 日，由法国舰队副司令利士比指挥的七艘汉舰的舰炮向北岸海滩及守军营地猛烈轰击，掩护陆战队 600 人分三路登岸。孙开华待敌接近丛林时，立即率部从正面阻击，并命令伏兵章高元、林朝祜部从右翼侧击，爱国艺人张李成率领的民兵从后抄袭，围歼登陆之敌。法军突遭袭击，纷纷向海边逃窜。法军总计被歼 100 余人，攻占淡水的计划落空。

1885 年 3 月 21 日，冯子材率王孝祺部出关夜袭法军前哨据点文渊，重创敌军后主动撤回。清军主动出击，迫使法军指挥官尼格里做出错误决定，不等援军到齐，就发起进攻。23 日，法军向清军阵地发起进攻，冯子材、王孝祺率部英勇抗击，阻止了正面敌人的进攻。下午4时，苏元春、陈嘉等部赶来增援，与敌激战。时王德榜部由油隘出击法军右翼，牵制了敌近千名预备队的机动，并一度切断敌军的运输线。入夜，清军调整部署，增强了长墙和东、西岭的防御力量。24日，法军分三路再次发动进攻。上午11时，当中路法军接近长墙时，冯子材率领两个儿子及所部将士跃出长墙，冲入敌阵。不久，赶来的五营军卒突然出现在法军后侧，予敌以意想不到的打击。经过殊死搏斗，中路法军后撤。傍晚，王德榜部在击溃敌之增援部队及消灭其运输队后，从关外夹击法军右侧后，配合正在东岭激战的陈嘉、蒋宗汉部夺回了全部敌占堡垒；王孝祺部也已击退沿西岭进攻之敌，并由西岭包抄敌后。法军三面被围，死伤甚众，狼狈逃回文渊。正当冯子材等乘胜追歼侵越法军时，清廷电令乘胜即收，并于1885年4月7日宣布停战撤军。对此，张之洞上奏朝廷称："停战则可，撤兵则不可，撤至边界尤不可。"两天后，再次奏请朝廷延缓撤兵时间，以攻克河内。然而朝廷没有采纳他的建议，仍令前线将士如期停战撤回，致使中法战争出现了一个奇特的结局："中国不败而败，法国不胜而胜。"

北洋舰队组建后，日本海军上校、"浪速号"驱逐舰舰长东乡平八郎，应邀参观大清帝国的海军。东乡登上"镇远号"巡洋舰后，看到水兵把洗过的衣服晒在舰炮的炮管上，当他下船后，发现自己的白手套都脏了。于是，东乡在回国后的报告中说："清朝海军虽然吨位多，但不堪一击！"果不出其然，1894年甲午战争中，堂堂北洋舰队，被总吨位仅有6.13万吨的日本海军一举击溃。

甲午战争前，中国位列世界第7大海军强国，"北洋水师"则号称"东方无敌舰队"；日本海军则极为勉强地居第12位。中国有1100多万平方公里的国土和4亿人口，而日本仅有37万平方公里国土和4千万人口……

臧纡青，道光时举人，在做幕僚时，他向奕经提出抗英军务方略：将军眼前应首先做好两件事，一是立即上奏朝廷，把正在东河戴罪治水的林则徐招到浙江帮办军务，切莫让朝廷派出像琦善这种人来浙江，以免影响浙东军营官兵的士气；二是应上奏朝廷，把在浙东之役中严重失职的余步云按军法处置，革职斩首，以振军威。同时请求把福建官军并入浙江军营。

王韬所著《火器说略》，使丁日昌对近代枪炮的制造原理、生产工艺，特别是车床等生产工具有了更深的理解。他写信向李鸿章推荐王韬，同时建议设立“夹板火轮船厂”，用机器生产近代轮船和枪炮。恰在这时，容闳提出了要在中国发展“制器之器”的主张，丁日昌立即深表赞同，说制造之理是一脉相通的，“一有制器之器，即可由一器而生众器，如父之生子，子之生孙”。

1894 年 7 月 25 日，日本不宣而战，悍然发动了侵略朝鲜和中国的“甲午海战”。11 月 21 日至 24 日，日军在旅顺滥杀手无寸铁的中国平民，全城仅 36 人逃生。

1894 年 8 月初，清政府派出的卫汝贵、马玉昆、左宝贵、丰升阿四支援军一万多人抵达平壤后，李鸿章电告卫汝贵：“必须先据形势，坚扎营垒，勿为所乘。”8 月 15 日，光绪帝指示李鸿章一面布置后路，一面令平壤清军实行攻势作战。李鸿章坚持只守不攻的方针，奏称：“目前只能坚守平壤，扼据形胜。”8 月下旬，成欢之战的败将叶志超率部绕道来到平壤，被任命为平壤各军总统率，“一军皆惊”。9 月 12 日，日军 10000 余人分四路进攻平壤，各路兵力多者 5000 人，少者 2000 人。平壤清军如能集中兵力，主动出击，先攻其一路，予以歼灭性打击，再转攻他路，则有可能击退进攻之敌，守住平壤。但李鸿章却指示：“如平壤被围，只有令中和各队乘夜拔回，以顾根本，勿致两失。”于是，叶志超尽撤城外之兵，龟缩于城内，“束手以待敌人之进攻”。结果，平壤城被日军攻占，清军向鸭绿江败退。对于清军应否主动出击问题，日本军界人士也认为，如果清军“拒止一方”，集中兵力向某路日军“转取攻势，则可得逐次各个击破之机会”。

1894年10月，日军进攻旅顺时，鉴于其正面炮台林立，设防坚固，不易攻取，便从10月24日起于其后方的花园口，用30余艘运输船分批输送第2军登陆。李鸿章得此消息后，既不派海军舰艇袭击正在航渡、换乘之日军，也不派陆军前往攻击已经登陆和登陆而立足未稳之敌，致使两万多日军顺利登陆后，先占金州，继占大连，最后攻占旅顺。当日军20000多人进攻威海基地时，故伎重演，于1895年1月20日，在基地后方设防薄弱的荣成湾登陆成功，尔后兵分两路进攻威海南帮、北帮炮台，使北洋舰队和刘公岛陷入水陆重围，导致北洋舰队全军覆没。在日军登陆时，李鸿章令北洋舰队“不得出大洋海战”。对此，连日方也承认：“如丁提督亲率舰队而来，遣数只鱼雷艇，对我进行袭击，我军岂能安全上陆！”

1894年10月11日，日军对台南的门户嘉义发起猛攻。徐骧和刘永福在城外兵营中，埋下大量地雷，然后弃营进城。敌人不知是计，进占兵营，半夜地雷爆炸，炸死700多人，日本吓得丢掉枪炮，仓皇逃命。途中，又遭义军伏击，死伤很多。第二天，日军集中炮火狂轰嘉义城，一小时发炮达180多发。轰坍城墙后，义军与窜进城中的敌人浴血巷战。日军近卫师团师团长在这次战役中重伤毙命。

1895年1月中旬，日军开始进犯辽阳。辽阳东南吉洞峪练总徐珍在当地组织了抗日乡团，扼守在吉洞峪南部要地韩家岭、宋家岭，狙击敌人，保卫辽阳。1月17日，日军再犯韩家岭，乡团奋力还击，击毙敌人数十人。1月28日，敌人进攻犁宝沟岭口，结果又被打得落花流水，大败而逃。乡勇们晚上点燃火把，白天在岭上插满旗帜，出没往来，虚实兼用，日军畏缩观望，此后一个多月，敌人没敢再来侵犯。

1884年（光绪十年），法国侵略者吞并越南，进攻中国驻军，中国军队奋起反抗，双方互有胜负。8月，法军骚扰台湾，进犯基隆，23日在福建沿海挑起马尾海战，在一小时内击毁福建水师舰船十一艘，将法国帮助建造的马尾船厂全部摧毁。清廷忍无可忍，被迫对法正式宣战。

1876年，日舰袭击朝鲜江华岛，强迫朝鲜与之签订《江华条约》；1882年，朝鲜宫廷内讧，杀伤日侨，日趁机派重兵入朝；中国官员马建忠等处置迅速，使日方无由妄动，遂迫朝鲜订《济物浦条约》，以赔款、开埠了结。

1900年6月中旬，聂士成回师天津，英勇抗击八国联军，在战斗中，他身先士卒，沉重地打击了侵略军。7月9日，聂士成在天津城南八里台被联军包围，聂及手下与联军恶战四小时之久，聂身受七伤，“腹破肠出，犹挥军前进”，最后悲壮殉国。所部作战官兵“几无一生者，唯见尸身仆于血泊中”。

1931年9月18日，日军自毁沈阳附近铁路一段，诬指为中国军队破坏，立即展开军事活动，攻占东北，是为“九一八”事变。

“九一八”事变发生后，蒋介石下令“绝对不抵抗”。张学良的东北军一枪未发，即让出沈阳城。日军得寸进尺，四个多月内，辽宁、吉林、黑龙江三省全部沦陷。日本强占东北后，中国人民就开始了武装反抗日本帝国主义侵略的斗争。

“九一八”事变后，中、日两国实际已处于战争状态之中，先有东北义勇军马占山奋起抗日，再有“一·二八”淞沪之战，复有长城各口之战，都是“七七”全面抗日前的序幕战。

1932年3月19日夜，镜泊湖一带的老猎人陈文起被日寇抓住，日寇要他带路进攻抗日武装。20日晨，他将日寇上田支队上千人及辎重车队引入李延禄补充团埋伏地。我军毙敌小川大尉以下120人，打伤200余人，缴枪3000余支。陈文起后被日寇逮捕，敌人将他吊在屋梁上毒打，他始终骂不绝口，最后被日寇用刺刀挑开胸膛，壮烈牺牲。

1933年初，汪清抗日游击队内发现了两个日本奸细，经审明，得知他们原是“民生团”的人。这一来，中共东满特委便将日本奸细的个人活动，都错误地归结于是“民生团”有组织对抗日游击队的渗透。于是，便在东满地区党与抗日游击队中开展了一场声势浩大的反“民生团”斗争，结果给抗联与东满党组织造成了一次历史大悲剧。

1934年3月21日，中共东满特委书记、东满抗日根据地和抗日武装的创建者童长荣与部分游击队员被日寇包围在小汪清十里坪东南岔，激战中童长荣身受重伤，自他1933年患重病后一直负责照料他的朝鲜族女战士崔今淑拼死将他背出包围圈，藏进一个山洞，但童仍因伤重于次日殉国，年仅27岁。为保护童长荣遗体不遭日寇蹂躏，22岁的崔今淑守卫洞口，与日寇血战一天，直至牺牲。

1935年日本帝国主义侵入华北，民族危机日益严重，中共中央发表《八一宣言》，号召停止内战，共同抗日。12月，党中央召开政治局会议，确定了建立抗日民族统一战线的方针。12月9日，爆发了学生爱国运动，掀起了抗日救亡运动的新高潮。

在西安事变发生前的12月9日，蒋介石写信给陕西省政府主席邵力子，密嘱《大公报》发表剥夺张学良、杨虎城的“剿共”权力、由蒋鼎文取代的消息。

西安事变爆发后，地方军阀出自不同的目的，纷纷表明了自己对事变的态度，成为影响事变发展的重要力量。阎锡山作为当时最有实力的地方军阀之一，对事变尤为关注，并欲借之以达到个人目的。但因种种原因，最终未能如愿。

中国共产党面对民族危亡的严重形势，率先捐弃前嫌，主张国共停止内战，一致对外，共同挽救中华民族。1935 年 8 月 1 日，中国共产党发表了《八一宣言》，提出建立抗日民族统一战线的主张，并就此同国民党进行了多次谈判。1937 年 8 月，中共中央在陕北洛川召开政治局扩大会议，通过了《抗日救国十大纲领》，作为领导全国人民争取抗战胜利的根本方针。在中国共产党的倡议和督促下，1937 年 9 月，国共两党抗日民族统一战线正式宣告成立。

老猎人李炮，关内人，因行侠仗义打死家乡恶霸，带儿子流落关外，其真名已无人知道。日军侵入东北，他亲送独子参加抗联。其子在战斗中负重伤，他携枪寻仇，击毙日伪军二十余人，弹尽受伤被俘，被日军活活打死，并割头烧尸，时为 1937 年 3 月。抗联五军以最隆重军礼安葬李炮于他牺牲之地，二路军总指挥周保中将军亲自为他撰写了祭文。

1937 年 7 月 7 日夜，日本侵略军在北平西南的卢沟桥附近，以军事演习为名，突然向当地中国驻军第 29 军发动进攻，第 29 军奋起抵抗。中国抗日民族解放战争从此开始。8 月 13 日，日军又进攻上海，同样遭到中国守军的顽强抵抗。至此，中国结束了对日本侵略者步步退让的不正常状况，开始了有组织的全面抗战。

1937 年 8 月 13 日，日本帝国主义侵犯上海，以沪东临青学校为主的一部分中小学生，自发地在难民收容所进行抗日宣传活动。中国共产党领导的国难教育社得知情况后，立刻派人前往，于 9 月 3 日正式成立了孩子剧团。孩子剧团的主要任务是进行抗日救亡爱国宣传。小团员在老师的领导下，进行各种宣传抗日节目的排练，然后再深入到各地特别是抗日前线去演出，宣传抗日。

谢晋元团长带领八百名英勇孤军死守苏州河畔的四行仓库，掩护五十万名中国军队撤退，上海保卫战一役，彻底粉碎了日本“三月亡华”迷梦。

1937年8月14日清晨，中国空军主动对黄浦江上的日本海军舰艇发动攻击，日军盛怒下立刻调动从台湾飞来的木更津联队与鹿屋联队战斗机，企图一举消灭南京、上海地区之所有中国空军基地。不料当天入侵的日本机动群，遭到中国空军第四大队长高志航率领的战机反击，结果，中国空军以6比0击落日机，首开中日空战全胜纪录，打破了“皇军无敌”的神话。全国百姓从广播里知道这一消息后，欣喜若狂，一泄屈辱之气。国民政府宣布8月14日为“中国空军节”，高志航大队长被誉为“空中战神”。

1938年10月，抗联五军一师在西征返回途中在乌斯浑河畔被敌围困，为掩护战友，以妇女团指导员（政委）冷云为首的8名女战士主动将1000余日伪军吸引到自己方向，在子弹打光之后，携枪投河，壮烈殉国。她们是：五军妇女团指导员冷云（原名郑志民），班长杨贵芝、胡秀芝，原四军被服厂厂长安福顺，战士郭桂琴、黄桂清、王惠民、李凤善。

黄友，本是汤原县的一个大地主，在国难当头的时候，他不愿自己在家享福，抛弃土地财产参加了抗联游击队。抗联三路军成立以后的一天，敌人发现了他并将他逮捕，要他带路袭击三路军的后方，对此，他一口答应了。日军了解他是一个大地主，以为他回心转意要给“皇军”出力了呢，跟着他向汤旺河上游的小兴安岭里走去。黄友把日军领进了迷宫似的山林后，就瞅个空子溜走了。黄友一走，日军可就惨了，在风雪茫茫的小兴安岭，他们怎么也出不来了。没几天便不断有人因缺粮断炊冻饿而死，最后700多人只跑出来30多个。而黄友自己也把双手双脚都冻坏了，幸亏抗联发现了他，才没冻死。日寇对他恨之入骨，两年后，他不幸落入敌手，他毫不屈服，破口大骂敌寇，最后被残酷地杀害。

1939年3月，日军进攻鄂西，进犯随县、枣阳，张自忠再次亲自率领两军团渡海迎战，大破日军，击毙击伤敌军超过13000人，为抗战史写下了“鄂北大捷”。

中日海军敌强我弱战力悬殊，长江决战中多艘中国军舰采取自沉浅江方式阻敌前进，极其悲壮；中山舰舰长不图偷生，力战不退，与中山舰长埋江底。

中国远征军成员以响应政府“十万青年十万军”号召的热血青年为主干，官兵们征战 1500 余公里，历时半年，艰苦奋战，流血牺牲，受到了盟国的高度评价。1942 年春夏，日军进攻并占领缅甸北部，盟军在缅甸战役中遭受挫折。远征军主力二〇〇师师长戴安澜将军在东瓜中伏，激战一夜壮烈殉国。

香港沦陷，陈策带领 72 名驻港英军分乘五艘快艇，突破日军封锁线，重返内地防区，此役陈策英勇负伤，“独脚将军”称号由此而来。

日军占领徐州以后，集中重兵对武汉发动了大规模进攻，企图一举攻占武汉，迫使中国屈服。中国军民展开了惊天动地的“保卫大武汉”的战斗。

抗日战争期间，广西军队开赴华东、华中抗日前线，参加了徐州会战、武汉会战等战役。在广西境内参加了桂南会战、桂柳会战等抗击入侵日军的战役。抗战 8 年，广西共征兵 94 万多人，人数仅次于四川，按人口比例，出兵之多居全国第一。

抗日战争时期，山东省烟台市牟平区唐村出了个爆炸英雄刘元宪，用地雷炸得日军鬼哭狼嚎，虽然日军到处扫荡，但一直不敢进唐村一步。

爆炸英雄刘元宪机智勇敢。一次，他在日军来往的路上埋下地雷。考虑到日军狡猾，地雷埋下后，刘元宪轻轻地在上面坐了一下，留下一个屁股印迹，然后躲到远处观察。不久，当地据点的一名日军小队长领着一只狼狗趾高气扬地走来。当走到地雷埋下的地方时，日军走累了，想找个地方休息一下。不过，被地雷吓怕了的日军非常小心，不敢随意落座。日军四处张望，猛地看到刘元宪留下的屁股印迹，不由大喜，心想终于找到可以安全坐下休息的地方了，赶上去，一屁股坐下去，就听一声巨响，日军被炸得飞上了天，连同他的狼狗也未能幸免。

抗战时期，生活在白洋淀的小男孩张嘎与唯一的亲人奶奶相依为命。为了掩护在家养伤的八路军侦察连长钟亮，奶奶英勇地牺牲在日军的刺刀下，而钟亮也被敌人抓走。嘎子历经艰辛，找到八路军，当上了一名小侦察员。他配合侦察员罗金保执行任务，表现得勇敢、机智。但嘎子毕竟还是一个活泼、淘气的孩子，他与小朋友胖墩摔跤输了还不讲道理，去堵胖墩家的烟囱。在一次战斗中，他缴获了敌人一支手枪，竟偷偷把枪藏进了老鸦窝里，没有上缴。为攻打敌人岗楼，他奉命进城侦察时被捕。当部队攻打岗楼时，他设法在里面放火，里应外合，全歼敌人，救出了老钟叔，也替奶奶报了仇。战斗结束后，嘎子把藏在老鸦窝里的手枪主动拿出来上缴。队长正式宣布把手枪发给他使用。

王二小家在河北涞源的一个小山村。抗日战争爆发后，日军把魔爪伸进了这个宁静的村庄。1942 年 10 月 25 日，二小在山坡上放牛时碰上了打算进村“扫荡”的日军。日军让他带路，二小却把日军带进了八路军的埋伏圈。日军发现上当后，用刺刀刺向二小的胸膛。二小英勇牺牲。

王朴，也作王噗，幼名兰贵，男，河北省完县人，抗日儿童团长。为了对付日军扫荡，民兵大搞地雷战，王朴不仅学会了布雷，还学会了造雷。一次，他用自制的地雷炸死了一个汉奸，还协助民兵抓住了两个日军。1943 年春天，日军扫荡到王朴的家乡，王朴和乡亲们躲进山里。一天早上，凤牟包围了王朴和乡亲们。日军拿着汉奸提供的名单，让村干部、干部家属和军烈属站出来，王朴和他妈妈张竹子昂首挺胸站在最前面。日军把刀架在王朴的脖子上，威逼他说出八路军兵工厂的枪支和弹药藏在哪里。王朴勇敢地推开日军的刺刀，带领在场的二十多名儿童团员高呼：我们不能忘记五不誓约，我们至死不当汉奸。残暴的日军向在场的群众开了枪，制造了又一起杀人惨案——野场惨案。118 名无辜群众倒在了血泊之中，其中包括王朴，王朴的母亲、弟弟和奶奶。为了纪念牺牲群众，晋察冀边区政府召开了追悼大会，授予王朴“抗日民族小英雄”光荣称号，并立了纪念碑。

1941 年底，蒋介石将税警总团改编为新三十八师，由孙立人为首任师长，立即奉派赶抵缅甸八莫，解救被日军包围的英军，经过苦战，孙部以不满 1000 的兵力，击退数倍于己的敌军，救出近 10 倍于己的友军，曾轰动全球，使孙立人举世闻名。英皇特授予他帝国英雄勋章，美国政府也为他颁授了丰功勋章。

1941 年参加上高会战，王耀武指挥预备队先后发起 7 次冲锋，与敌人进行 7 次肉搏，毙敌 2000 余人，为实施友军对敌人的包围，争取了时间。此役歼敌 16000 人，缴获骏马 2800 匹，击毙日军中将、少将各一名，军队被誉为抗日铁军。何应钦称之为“开战以来最精彩之作战”。

1942 年初，中、美两国政府协议，成立了包括中国大陆、印度支那、泰国和缅甸在内的中国战区，以蒋介石委员长为战区最高统帅。同时，为配合缅甸、印度地区的英、印军作战，中国应英方要求，派出 10 万中国远征军开赴缅甸，给日军以沉重打击。

庐山一线中国军队奋勇抵抗，巧妙利用地形与日军顽强周旋。日军虽然装备精良，无奈庐山是冰川运动形成的山峰，形状雄奇，道路险峻，中国军队把迫击炮搬上山顶，日军形容中国军的迫击炮“如同雨点从天而降”。

1943 年 10月，中国驻印军向缅北大举反攻，孙立人的新三十八师攻势凌厉。在历时两年的第二次缅战中，共击毙日军 3 个联队长以下 33000 余人，伤日军 75000 余人，孙立人因迭克强敌屡建战功，当时的国际舆论赞誉孙立人为“东方的隆美尔”。

抗日战争中，中国死亡的将领共 115 人。其中上将 8 人，中将 42 人，少将 65 人。在共产党人中，牺牲的高级将领有左权将军和彭雪枫将军。抗日战争中，国民党政府共投入约 4 亿美金。在中国毙命的日寇将领共 129 名，其中大部分是被击毙的。

抗日战争中，国民党陆军阵亡、负伤、失踪 3211419 人，空军阵亡 4321 人，毁机 2468 架，海军舰艇损失殆尽。

抗战时期盟军中国战区参谋长、美国将军史迪威说过：广西士兵是世界上最好的士兵。从两千多年前西瓯国君译吁宋带领 5 万岭南土著士兵，令秦军伏尸数十万开始，广西兵一直是广西军队战斗力强悍的标志。广西土著士兵的勇悍令其所有中外对手感叹。一个地方出精兵的传统历经数千年而不变，实为中国所仅有。

抗日战争时，第五战区司令官李宗仁率领军队在台儿庄打败日军，取得了国民党正面战场上第一次胜利。日军想进犯广西，却损失了4000 人在昆仑关。直到 1945 年也未彻底地征服广西。

抗日战争中，中国在正面战场共对日寇进行了 22 次大规模的会战。

淞沪会战 :1937 年 8 月 13 日～11 月 12 日

“八一三”淞沪会战是抗战爆发以来，中日双方规模最大的一次会战。3 个月的战役中，双方都投入几十万兵力。由于国民革命军战略不当，武器装备落后，在付出 33 万多人的巨大损失后，最终被迫匆忙撤退，并直接导致了南京会战的失利。此战日军伤亡 5 万余人。

南京保卫战 :1937 年 12 月 1 日～12 月 13 日

淞沪会战后，日军迅速进攻国民政府首都南京。由于国民革命军此时兵力凋零，退守绝地，被迫在 12 月 12 日匆忙突围撤退。日军进入南京后开始了长达数日的南京大屠杀，残酷杀害中国军民 30 余万人。

太原会战 :1937 年 9 月 13 日～11 月

1937 年 9 月 13 日，日军占领大同后向太原进攻，国民革命军由于指挥混乱，布置不当，被迫从太原突围。此战中国守军英勇抵抗，付出了重大牺牲，消灭敌军 2 万余人。但从此国民革命军在华北战场的正规战争宣告基本结束。

徐州会战 :1938 年 1 月～5 月 21 日

日军打通了津浦线，扩大了占领区，但未能消灭国民革命军主力。国民革命军的防御作战和主动转移为此后的武汉保卫战赢得了四五个月的时间。其中台儿庄大捷消灭日军 1 万多人，极大地鼓舞了全国人民的抗战意志。

兰封会战 :1938 年 5 月 21 日～6 月

日军试图在徐州会战后继续扩大战果，板垣征四郎师团孤军深入，被以薛岳为指挥的国民革命军包围。但最后会战没有取得应有的战略结果。

武汉会战 :1938 年 6 月～10 月

历时四个半月的武汉会战虽然最终以武汉失守为结束，但国民革命军的正面抵抗取得了毙伤敌军 4 万人，近 10 万日军因战斗、气候、疾病等原因暂时丧失作战能力的巨大战果，极大地消耗了日军的有生力量，抗日战争从此进入相持阶段。

随枣会战 :1939 年 5 月 1 日～ 20 日

武汉会战之后，日军为消除鄂北、豫南方面中国军队对武汉的威胁，向湖北随县枣阳地区发动进攻。国民革命军消灭毙伤敌军 13000 人，第五战区也付出了较大的牺牲。日军未能达到预定战略目标。

第一次长沙会战 :1939 年 9 月 14 日～ 10 月

日军动用 10 万兵力，却在第九战区第十五集团军等国民革命军的抵抗下损失惨重。日军承认“在部分战场上，部分战况之激烈超过了诺门坎”。在国民革命军反击下，日军伤亡达 2 万人，被迫撤退，国民革命军伤亡 3 万多人。

桂南会战 :1939 年 11 月 13 日～ 1940 年 10 月 30 日

日军占领南宁和昆仑关后，国民政府从数百公里外急调 10 个国民革命军精锐师，对日军发动立体化进攻，取得昆仑关大捷，迫使日军改变对广东的作战计划，造成日军在战略上的部分被动。

枣宜会战 :1940 年 5 月 1 日～ 6 月 18 日

国民革命军张自忠上将殉国于南瓜店，宜昌失陷。枣宜会战是武汉会战以来，日军对正面战场最大规模的一次进攻。

1940 年 7 月，由朱德、彭德怀、左权签发的破袭正大路线战役预备命令发至各部队，同时上报中央军委。8 月 8 日，发出战役命令。命令发出后，各根据地军民情绪极其热烈，出击兵团掀起练兵和爆破热潮。8 月 20 日，破袭战陆续展开，并迅速推向高潮。初定 22 个团参战，由于抗日军民痛恨日军至极，皆踊跃参战，参战部队竟然达到 103 个团。因此，后来称这场战役为“百团大战”。这场敌后最大的一次反围攻战役，持续三个半月时间，作战 1800 余次，毙伤日军 2 万余人，伪军 5000 余人，俘获日军 280 多人、伪军 18000 余人，拔除据点 2900 个，破坏铁路 470 余公里，公路 1500

余公里，缴获各种炮50余门、枪5800余支。这场战役沉重地打击了驻华北的日伪军，极大地鼓舞了全国人民的抗日信心。

豫南会战：1941年1月25日～2月7日

豫南会战是武汉周围地区防御作战中的一次战役。日军一度攻占安徽界首和太和，但在伤亡9000人后，日军最终撤退。

上高会战：1941年3月15日～4月9日

为保证南昌及附近占领区的安全，日军发动试图消灭赣北国民革命军主力的上高会战。日军在三路围攻、其中两路受阻的情况下，形成一路孤军深入，被国民革命军包围而仓皇撤退，伤亡高达1.5万人。

晋南（中条山）会战：1941年5月

此次战役日军的目的是"在华北要歼灭山西南部的国民革命军中央军"。国民革命军伤亡4.2万余人，被俘3.5万余人，日军伤亡仅为国民革命军的1/12，成为"抗战史上最大的耻辱"。

第二次长沙会战：1941年9月～10月1日

国民革命军第六战区在正面战场主动发起1941年以来唯一一次主动进攻作战，歼灭日军7000人。日军一度攻占长沙，中国军队伤亡失踪7万人，日军伤亡2万人。

第三次长沙会战：1941年12月23日～1942年1月6日

国民革命军第九战区制定了坚壁清野、诱敌深入的战略，取得了长沙会战大捷，共毙伤日军5万余人，成为"12月7日（日军偷袭珍珠港）以来，同盟军惟一决定性之胜利"。

浙赣会战：1942年4月～7月28日

日军大本营决定摧毁浙赣两省国民革命军机场，打通浙赣铁路，最后基本实现预定目标，曾经占领衢州机场，但遭到严重损失，第十五师团师团长阵亡，日军战史记载伤亡 17148 人。

鄂西会战 :1943 年 5 月~ 6 月

日军沿长江向上游进攻，国民革命军第十八军坚守石牌要塞，第六战区及友邻部队夹击日军，歼灭敌军 4000 人。

常德会战 :1943 年 11 月 2 日~ 12 月

在日军 3 万优势兵力进攻下，国民革命军第七十四军五十七师 9000 余人孤军誓死抵抗长达 16 天。最终国民革命军收复常德等阵地，毙伤日军 2 万人。

豫中会战 :1944 年 4 月~ 5 月 25 日

日军试图通过豫中会战围歼第一战区主力，并打通平汉线。由于国民革命军指挥失当，洛阳沦陷。日军实现最初的作战计划。

长（沙）衡（阳）会战 :1944 年 5 月~ 8 月

豫中会战同时，日军开始进攻湖南，打通粤汉铁路。国民革命军在衡阳进行了长达 48 天的抵抗，最终因没有支援而遭到失败。

桂（林）柳（州）会战 :1944 年 8 月~ 12 月 10 日

日军为摧毁大西南的空军基地发动桂柳会战。国民革命军在明显掌握制空权的情况下未能取得空地配合，导致桂林和柳州仅数日即遭到沦陷。

湘西会战 :1945 年 4 月~ 6 月

国民革命军在战役中对日军进行了包围，创造了雪峰山大捷，毙伤日军 1 万多人。最终在国民革命军的反攻下，日军伤亡 2 万余人，被迫撤退。

1945 年 8 月，日本人投降后，原东北抗联改编的“国际旅”随苏军一道，分赴中国的东北与朝鲜的平壤，参加了对日最后一战。

1945年8月20日，苏军解放长春，在伪满军政部发现了一个泡在防腐液中的人头，因苏军官兵不知这是谁的头，准备丢弃，幸好当时有当向导的原抗日联军人员在旁，发现像是杨靖宇的遗首，连忙及时制止，并向上级报告。随苏军进入长春并任苏军城防副司令的周保中得知，马上驱车赶到伪满军政部地下室辨认、瞻仰，面对战友遗首，即刻热泪滚滚。随即，周保中又派专人将杨靖宇的遗首送到哈尔滨，交李兆麟保管。1948年，遗首再被送往哈尔滨的东北烈士纪念馆。

革命第五

1851 年 1 月 11 日，洪秀全在广西桂平县金田村率众起义，建国号“太平天国”。太平军一路高呼着“天兵来杀妖，全为穷乡亲。打下南京城，就把田来分”的口号向南京进军。

孙中山上书李鸿章，提出“人能尽其才，地能尽其利，物能尽其用，货能畅其流”的改革主张，但未被接受。孙中山自此对清廷完全失望，愤而来到檀香山，组织兴中会，以“驱除鞑虏，恢复中国，创立合众政府”为誓词，开展革命推翻清廷以建立共和的活动，一场史无前例的革命风潮从此席卷了中国。

梁启超一度倾向革命，1899 年夏秋之交，他联合韩文举、欧榘甲、唐才常等人致书康有为，劝其息影林泉，自娱晚年，以便使康党同人及弟子们走出一条新路来。对此，康有为大为恼火，令梁启超赴美洲办理保皇事宜。梁拘于师威，最终还是前去复命。宣统逊位前期，梁启超审时度势，认为康有为的“虚君共和”这一政治理想行不通，就劝康道，“藉连鸡之势，或享失马之福，则竭才报国，岂患无途”，否则“趋舍异路，怆恨何言”。

章太炎与邹容在《苏报》刊载《革命军》《驳康有为书》等犀利文字，清廷震怒，力挟上海租借当局拘捕章、邹。某日，巡捕至学社搜查，章太炎即挺身而出："余人俱不在，要拿章炳麟，就是我！"邹容其时乘乱从后门走脱。

革命党对是否采取暗杀手段有很大的分歧，如刘师复、章士钊都是较为坚定的暗杀主义者，而黄兴、汪精卫等人对暗杀持反对态度。汪精卫曾说："革命是何等伟大的事业，想以刺杀一两个宵小之徒而唾手得之，未免太天真了吧。"

1902年5月，《苏报》上发表《敬告守旧诸君》，公开倡导革命："居今日而欲救吾同胞，舍革命外无他术，非革命不足以破坏，非破坏不足以建设，故革命实救中国之不二法门也。"

1904年，柳亚子等人创办《二十世纪大舞台》杂志。他在《二十世纪大舞台发刊辞》中公开提出以革新的戏剧动员国民进行反清革命，说："近以霓裳羽衣之曲，演玉树铜驼之史，凡扬州十日之屠，嘉定万家之惨……皆绘声写影，倾筐倒箧而出之，华夷之辨即明，报复之谋斯起……吾侪崇拜共和，欢迎改革，往往倾心于卢梭、孟德斯鸠、华盛顿、玛志尼之徒，欲使同胞效之……今当捉碧眼紫髯儿，被以优孟衣冠，而谱其历史，则法兰西之革命，美利坚之独立，意大利、希腊恢复之光荣，印度、波兰灭亡之惨祸，尽印于国民之脑膜，必有欜然兴者。"

烈士赵声曾口占古风一首给挚友吴樾，其中有句云："杯酒发挥豪气尽，笑声如带哭声多。一腔热血千行泪，慷慨淋漓为我言。大好头颅拼一掷，太空追攫国民魂。临行握手一咨嗟，小别千年一刹那。再见却知何处是，茫茫血海怒翻花。"吴樾把这首诗读了又读，每为之泪下潸然，不久即以弹掷五大臣，死于车站。赵闻噩耗大恸不已，革命之志弥坚。

1907年5月，因弹药被大雨淋湿，黄冈起义失败。革命党人朱子龙就义前留下《绝命词》曰："死我一人天下生，且看革命起雄兵。满清窃国归乌有，到此天心合我心。”

留日学生的革命活动，令清政府惊恐不安，遂通过日本当局，于1905年11月颁布《取缔清韩留学生规则》，对爱国学生横加限制和迫害。为此，秋瑾带领留学生进行同盟罢课，并组织敢死队，去公使馆交涉，继而又带领部分同学回国，以示抗议。临行前在浙江同乡会举行的集会上发表演说，讲到有人散布妥协论调时，秋瑾猛地从靴筒里拔出倭刀，咔嚓一声插在台上，以手指刀："如有人回到祖国投降满虏，卖友求荣，欺压汉人，吃我一刀。”

徐锡麟在安庆起义失败，其弟徐伟的供词中牵连秋瑾。秋瑾已知徐的失败，但她拒绝离开绍兴，表示“我怕死就不会出来革命，革命要流血才会成功……我不入地狱，谁入地狱？”于是她遣散众人，毅然留守大通学堂。清军包围大通学堂，秋瑾被捕。但她坚不吐供，仅书“秋风秋雨愁煞人”以对，被杀于绍兴轩亭口。

庚子事变后，革命派率先提出“学战”的口号。《湖北学生界·叙论》一文中提出："以为今日言兵战，言商战，而不归之于学战，是谓导水不自其本源，必终处于不胜之势。”

邹容在《革命书》中宣称："革命者，天演之公例也；革命者，世界之公理也；革命者，争存争亡过渡时代之要义也；革命者，顺乎天而应乎人者也；革命者，去腐败而存良善者也；革命者，由野蛮而进文明者也；革命者，除奴隶而主人考也。”“我中国今日不可不革命；我中国今日砍废满洲人之因缚，不可不革命；我中国欲独立，不可不革命；我中国欲与世界列强并雄，不可不革命；我中国欲长存于二十世纪新世界上，不可不革命；我中国欲为地球上名国，地球上主人翁，不可不革命。”“嗟乎！嗟乎！革命！革命！得之则生，不得则死。”

梁启超说时下革命党人有两种思想：一派注重种族革命，说是只要把满洲人赶跑了，不愁政治不清明；一派注重政治革命，说是把民治机关建设起来，不愁满洲人不跑。

梁启超与《民报》论战时期，宣扬说中国人“非有可以为共和国国民之资格”，因此“与其共和，不如君主立宪；与其君主立宪，又不如开明专制”。到清政府预备立宪时，他对康有为说：“今者我党与政府死战，犹是第二义，与革命党死战，乃是第一义；有彼则无我，有我则无彼。”

孙中山说：“革命之名词，创于孔子。中国历史，汤武之后，革命之事实，已数见之不鲜矣。其在欧洲，则十七、十八世纪以后，革命风潮遂磅礴于世界，不独民主国惟然，即君主国之所以立宪者，亦革命之所赐也。”

1909 年，孙中山在美国巴蒙演讲足足有 3 个多小时，听者多感动泪下。演讲结束后，有一位青年跑到他跟前，恭敬叩头说：“我要跟随先生革命，替先生挽皮包。”孙说，革命是要杀头的，你有这个胆量？青年答曰：“杀头？我不怕！”这位青年叫马湘，是加拿大华侨领袖的子弟。从此，他便一直跟随孙中山，直至孙在北京病逝。

1910 年 3 月，汪精卫行刺摄政王未果而被捕。汪在狱中料定必死无疑，遂作《被逮口占》四首，其一为：“慷慨歌燕市，从容作楚囚。引刀成一快，不负少年头。”

1911 年，孙中山从海外回到上海，结束了其 16 年的流亡生涯。众人纷纷揣测他从国外带回了军舰及大批的贷款，孙中山却说：“予不名一文也，所带者革命之精神耳！革命之目的不达，无和议之可言也。”

辛亥之后，专制复辟势力对革命的反扑数度得逞。为此，孙中山慨叹："夫去一满洲之痛苦，转生出无数强暴之专制，其为毒之烈，较前尤甚。于是而民愈不聊生矣。夫吾党革命之初心，本以救国救种为志，欲出斯民于水火之中，而登衽席之上也，今乃反令之陷水益深，蹈火益深，与革命初衷大相违背……"

胡适先生先前也并非就一概否定暴力革命。他在1917年4月17日的日记中写有一首《沁园春·新俄万岁》，词曰："客子何思，冻雪层冰，北国名都。看乌衣蓝帽，轩昂少年，指挥杀贼，万众欢呼。去独夫'沙'，张自由帜，此意如今果不虚。论代价，有百年文字，多少头颅。冰天十万囚徒，一万里飞来大赦书。本为自由来，今同他去；与民贼战，毕竟谁输！拍手高歌，'新俄万岁！'狂态君休笑老胡。从今后，看这般快事，后起谁欤？"

1919年，陈独秀在的《每周评论》上发表《研究室与监狱》的名论。他说："世界文明发源地有二：一是科学研究室，一是监狱。我们青年要立志出了研究室就入监狱。出了监狱就入研究室，这才是人生最高尚最优美的生活。从这两处发生的文明，才是真文明，才是有生命有价值的文明。"

1921年，也就是中国共产党成立的那一年，30岁的胡适在这年10月4日写下了两首诗，有一首名为《希望》，也就是后来被改为台湾校园歌曲的《兰花草》："我从山中来，带着兰花草……"而另一首发表在10月10日的北平《晨报》上，题为《双十节的鬼歌》："十年了，他们又来纪念了！他们借我们，出一张红报，做几篇文章，放一天例假，发表一批勋章：这就是我们的纪念了！""要脸吗？这难道是革命的纪念吗？我们那时候，威权也不怕，生命也不顾，监狱作家乡，炸弹底下来去：我们能受这种无耻的纪念吗？""别讨厌了，可以换个法子纪念了！大家合起来，赶掉这群狼，推翻这鸟政府，起一个新革命，造一个好政府。那才是双十节的纪念了！"

1923年1月29日，孙中山在《申报》50周年纪念专刊上发表《中国革命史》一文，他说："从事革命者，于破坏敌人势力之外，不能不兼注意于国民建设能力之养成，此革命方略之所以必要也。余之革命方略，规定革命进行之时期为三：第一为军政时期，第二为训政时期，第三为宪政时期。"

孙中山临死前留有"革命尚未成功，同志仍需努力"的字句。

毛泽东写于1927年3月的《湖南农民运动考察报告》中那段在被人们诵过亿万遍的话，这就是："革命不是请客吃饭，不是做文章，不是绘画绣花，不能那样雅致，那样从容不迫，文质彬彬，那样温良恭俭让。革命是暴动，是一个阶级推翻另一个阶级的暴烈的行动。"

1927年4月12日，以蒋介石为代表的国民党新军阀背叛革命，发动反革命政变，使反帝反封建的北伐战争中途夭折，轰轰烈烈的大革命归于失败。

黄埔军校政治部主任熊雄想请鲁迅来校演讲，他委托刘弄潮出面去邀请他。刘弄潮登门拜访鲁迅，在简单的寒暄后，他说明了来意。鲁迅初听后有些顾虑，他说："现在去，怕起不了多大效果。"刘弄潮随即解释道："黄埔同学，尤其是第五期，有许多是过去的大学生，都听过你的课。"如此一来，打消了鲁迅的顾虑，他说："革命需要我，我就去，权在革命方面，不在个人方面。"

韩三洲先生在《借问路在何方——读沈定一的传记〈血路〉》所言："要知道，革命本身并不是按照程序预设的、恒定不变的和纯净无瑕的，革命过程本身有着它多种可能性与可变性。"

1927年8月1日，南昌起义爆发，打响了反对国民党反动派的第一枪。8月1日凌晨2时，周恩来、朱德、贺龙、叶挺、刘伯承等指挥各路起义军向驻守南昌的国民党军队发动进攻，经过4个多小时的激战，歼敌3000余人，缴获枪支5000余支，子弹100万余发，大炮数门，占领了南昌城。并通过了《八一起义宣言》等文件，提出了“打倒帝国主义”“打倒新旧军阀”“实行耕者有其田”等革命口号和政纲。

汪精卫对王造时说：“国难会议是政府召集的，我们是主人，诸位是客人，诸位如是不满意政府的办法，去革命好了！我们流血革命，打出来的政权，岂能随便说开放就开放！”王造时回答说：“革命不是哪个人哪个党派的专利品，如果逼得人民无路可走，自然有人会去革命，不过困难这么严重，我们是不愿同室操戈来闹革命的。汪先生身为行政院院长，负最高政治责任，当此民族生死关头，应团结全国共赴国难才对，反叫人家去革命，我期期以为不可……我们固然是由政府聘请的，不是人民选出来的，但是国家是全国人民的国家，大家都有份，不能拿客人来比喻我们。我们同样是主人，政府既然聘请我们，我们有意见便要提出。中山先生的遗教‘天下为公’，汪先生的话，未免‘天下为私’了！”

十月革命后，廖仲恺对十月革命抱有极大希望，说：“俄国革命以后，私有废除，生产分配之事，掌诸国家机关与人民合作社。空前之举，震慑全球，前途曙光，必能出人群于黑暗。”

鲁迅一生所言当然有不少赞成革命的话，但鲁迅所说的革命，却是为了革新，并非像陈胜、吴广、项羽、刘邦或洪秀全、李自成们，只是为了“打江山”，为了“皇帝轮流做，来年到俺家”，也“不单是破坏，而且是扫除，是大呼猛进，将碍脚的旧轨道不论整条或碎片，一扫而空，并非想挖一块废铁古砖挟回家去，预备卖给旧货店”。

鲁迅在《革命时代的文学》中就说：“其实，‘革命’是并不稀奇的，唯其有了它，社会才会改革，人类才会进步，能从原虫到人类，从野蛮到文明，就因为没有一刻不在革命。……凡是至今还未灭亡的民族，还都天天在努力革命，虽然往往不过是小革命。”又在《忽然想到（六）》中说：“无论如何，不革新，是生存也为难的，而况保古。现状就是铁证，比保古家的万言书有力得多。”

将帅第六

曾国藩自称“家世寒素”，“少年故交多非殷实之家”。他还把发家致富的经验总结为“书、蔬、鱼、猪、早、扫、考、宝”八字诀，作为治家的信条，用以教育其诸弟子侄。据他的解释，“书、蔬、鱼、猪”就是读书、种菜、养鱼、喂猪，“早”即早起，“扫”即打扫庭院，“考”即祭祀祖先，“宝”即周济亲友、乡邻。

胡林翼的家境殷实，少年时代也活得潇洒，基本上属于纨绔子弟。由于这一点，胡林翼自幼养成负才不羁、挥金如土的习性，“在江南幕中，常恣意声妓”，郭嵩焘称胡林翼“家固有田数百亩”。曾国藩也说：“润帅本有恒产，私用当不至空乏。”徐宗亮亦称：“文忠公少年有公子才子之目，颇豪荡不羁。”

左宗棠出生在一个知识分子家庭，“积代寒素”，家境不如曾国藩、胡林翼。他在给长子孝威的家书中说：“吾家积代寒素，先世苦况，百纸不能详。尔母归我时，我已举于乡，境域较前稍异。然吾与尔母言及先世艰窘之状，未尝不泣下沾襟也。吾二十九初度时，在小淹馆中曾作诗八首，中忆手述及吾父母贫苦之状，有四句云：‘研田终岁营儿哺，糠屑经时当夕飧，乾坤忧痛何时毕，忍属儿孙咬菜根。’”

在攻陷天京后，曾国藩与左宗棠两人互相言辞攻击，甚至断绝书信。但当左宗棠西征时，曾国藩仍将湘军中较为可恃的老湘营交给他，并由江南源源供饷，使之获得完满成功。尤其当有人自西北来，赞扬“左公之所为，今日朝端无两”时，曾国藩击案曰：“诚然，此时西陲之地，倘左公一旦舍去，无论我不能为之继，即起胡文忠于九原，亦恐不能为之继也。君谓为朝端无两，我以为天下第一耳！”正因为如此，左宗棠对曾国藩极为感激，自表甘服，称“知人之明，谋国之忠，实非臣能所及”。他又在家信中进而解释说：“君臣朋友之间，居心宜直，用情宜厚。从前彼此争论，每拜疏后，即录稿咨送，可谓锄去陵谷，绝无城府。至兹感伤不暇之时，乃复负气耶？知人之明，谋国之公两语，久见章奏，非始毁今誉，儿当知吾心也。”又说：“君与侯所争者，国事兵略，非争权竞势比。同时纤儒妄生揣拟之词，何值一哂耶！”

鲍超，字春霆，所部称“霆军”。霆军的军旗很有特色，上不绣字，只画三个黑丸，太平天国西征各军都记得这面旗子，称之为“鲍膏旗”。金鼓声中，每见“鲍膏旗”舞动，辄“惊骇涣散”，并逐渐形成条件反射：只要远远望见这面旗帜，便无心接战，逡巡退避。于是，清军中某些将领投机取巧，偷偷仿制“鲍膏旗”，以备危急。即如大名鼎鼎的左宗棠，在江西樟树镇被太平军狂攻，濒临崩溃，最后也顾不上“今亮”（左氏常自诩为当代诸葛亮）的声誉，祭出“鲍膏旗”，方得以吓退敌军。

刘铭传18岁那年，一个土豪假借团练之名欺辱其父。土豪走后，刘铭传从书塾回家，听说此事，对其兄长大吼道：“大丈夫应当自立，岂能容他这样欺辱？”说完，便赤手空拳地追赶土豪，并要和土豪决战。土豪回头对刘狂笑道：“一个儒生，敢当我哉？我把刀给你，你若是敢杀了我，就算是条好汉！”刘铭传举刀便将土豪的脑袋砍了下来，然后，骑上土豪的马，举着土豪的头，大呼曰：“此豪肆虐乡里，今吾杀之，能从吾者当保吾里。”众人皆大喜，从者数百人。

左宗棠善作诙谐之语，总制陕甘时，新任西安将军恭镗慕名至兰州拜谒。左宗棠在署中款待恭镗。逗留半个月后，左宗棠为其饯行，酒酣时忽然狂笑不止，座客愕然。左公望着恭镗说："昔宪庙纯皇，戡定边界，其时诸将帅无一不是骆驼。"席间，左右侍立者十几人，左公指着他们说："此辈亦无一不是骆驼，一旦负重，则颠蹶不起。"又自指说："鄙人亦是骆驼，但比众骆驼稍胜一筹；鄙人力能负重，还不致竭蹶啊。"又指恭镗说："公亦承认是骆驼否？"恭镗大笑，其他宾客亦莞尔。

李鸿章初带兵勇，总是临危先逃，以致后来屡试不爽，成为有名的长腿将军。一次，太平军攻打巢县附近的柘皋，李鸿章闻风先遁，"以致官军营垒数十座均被破入，兵勇死者不可胜计，仅存河州镇总兵吉顺一营"，太平军日夜环攻，形势岌岌可危。和春闻讯带兵赶至，"吉营重围立解"。次日李鸿章来见，称誉"声威大震，以军门（和春时任江南提督）为最"，军门答道："畏葸溃逃，当以阁下为先。"李鸿章赧然而退，大江南北至今传为笑谈。

李鸿章筹办海防，首重沿海陆防。他说："敌从海道内犯，自须亟练水师。惟各国皆系岛夷，以水为家，船炮精练已久，非中国水师所能骤及。中土陆多于水，仍以陆军为立国根基。若陆军训练得力，敌兵登岸后，尚可鏖战。炮台布置得法，敌船进口时，尚可据守。"

袁世凯任吴长庆将军部下时，有一名武官殴伤了韩国人。袁世凯擒武官准备杀之，吴将军求情希望可免除死罪。袁世凯佯装答应，取案上图书让吴将军阅览，自己偷偷出去杀了武官，然后进屋请罪。吴将军说："执法就应该像这样。"从此，吴将军一直告诫在营中做事的亲族，说："不可犯法，如若犯法，袁廷尉定不会饶恕。"

袁世凯对待士兵喜欢使用"恩威并济"的一套权术。他写出诸如《兵丁驻扎营暂行章程》《操场暂行章程》《行军暂行章程》《简明军律二十条》《查拿逃兵法》等条规，命令士兵遵守，并经常亲自检查。对严格执行者，或记功赏银，或提升；对违章者，即加以严惩。他还从精神上对士兵进行麻痹和毒害，编了一些《劝兵歌》《对兵歌》《行军歌》等口诀和歌谣，教训他们要"敬官用命"，实质要士兵俯首帖耳地任其驱使。

1912年2月12日，清廷隆裕皇太后及摄政王载沣被迫宣布清宣统帝退位。2月13日，袁世凯致电南京临时政府宣布共和。同日，孙中山遵守诺言，向临时参议院辞职并推荐袁世凯继任临时大总统。孙中山为了防止袁世凯专权独裁，在辞职咨文中提出三个条件，即定都南京，袁世凯必须到南京任职，袁世凯必须遵守《临时约法》和南京临时政府颁布的一切法令。对此，袁世凯都表示答应。2月15日，临时参议院选举袁世凯为临时大总统。

北洋军阀首领袁世凯当上中华民国临时大总统以后，表面上装作拥护共和，遵守《临时约法》，但暗地里，他牢牢地抓住赖以起家的北洋军，试图凭借手中的武装力量实行军阀统治。为了进一步培养军事人才，他指令陆军部建立一所陆军军官学校，该校在保定东关外前陆军速成学堂旧址开办，这就是著名的保定陆军军官学校。

1912年袁世凯窃取中华民国临时大总统之职，建立控制中央和地方政权的北洋军阀统治。1916年，袁世凯病死，北洋军阀分化为直、皖、奉三系。直系首领为直隶人冯国璋，后为曹锟、吴佩孚，受英美支持；皖系首领为安徽人段祺瑞，奉系首领为奉天海城人张作霖，都以日本为后台。三系混战多年。1926年，皖系军阀段祺瑞被冯玉祥驱赶下台。1925年至1927年，直系军阀吴佩孚被国民革命军击垮。1928年，张作霖被日本关东军炸死，张学良易帜，北洋军阀遂灭亡。

1912年孙中山访问太原，住东辑虎营傅公祠。阎锡山由省政府乘汽车经新道街去拜会，汽车一入街口，小巷内即有乱石投出，汽车两旁的护兵拔出盒子枪正要射击，阎锡山严词制止，命将汽车退出，改道柳巷而往。事后阎锡山对人说："石块击车，是有人有计划地闹事，闹给中山先生看，别说打死了人，只要一开枪，咱就上当啦。"

广西军阀陆荣廷出身绿林，而后受到招安，一步步发迹起来，是桂系的老祖宗。陆少年时做过小偷的勾当，后来又投身绿林，做起没本钱的买卖，由于文化较少，迷信思想根深蒂固。袁世凯授予陆荣廷"宁武将军"的称号，陆荣廷立马就在自己的乡下盖了一套宁武庄。为了给宁武庄找一个好的风水，特地请了一位仙公来，这位仙公是陆的部下莫敬义的父亲，传说他风水看相还真有一套，十分灵验。这位仙公给陆找了一块好地方，即陆的出生地垒雄村南4里处，据说这里有龙脉，若把先人葬在这依山傍水的地方，陆准能做皇帝。陆荣廷听了当然高兴，于是买下了这块风水宝地，在这里建造了宁武庄，把先人的牌位也放到这里来祭祀，陆还给自己打造了四尺半高的半身像，左右两旁对联写着："宁将齐众迎长官，武以全群为我民。"

段祺瑞，安徽合肥人，是继袁世凯之后权势最盛的北洋军阀。他的政治生涯大都在北方度过，下野后晚年在上海当寓公，死在上海。后人评价其："段祺瑞的一生干了很多坏事，但对围棋还算干了些好事。"

人们给段祺瑞起了个绰号叫"歪鼻将军"。这是因为他在大怒之下鼻子会向左歪斜，然后要经过按摩才能慢慢正过来。据传，段祺瑞有四次被气歪了鼻子：一次是袁世凯坚决不同意他推荐的心腹任国务院秘书长；一次是听说他的得意门生在天津被杀；一次是得知他的三姨太与儿子有染；还有一次是他带着一份《对德参战提交国会案》要黎元洪盖章，黎不同意盖，并怠慢了他。这几次歪鼻都是经过按摩才正过来的。

段祺瑞平时喜欢念佛经、搓麻将，再就是下围棋。而对围棋入迷的程度，连他的心腹徐树铮也颇有微词，认为他玩物丧志。

段祺瑞不仅自己嗜棋，他的子侄也喜欢下围棋。长子段宏业的棋艺水平比他的老子还要高，在民国初期颇有点名气，当时次一级的国手如吴祥麟等还非他敌手，后来日本人曾授之以段位。

段祺瑞好胜，输棋便不高兴，别人同他下棋总是手下留情。其子段宏业是个花花公子，染有抽鸦片的恶习，段祺瑞本来就不喜欢他。父子对弈，不讲什么情面，段祺瑞一输棋，常瞪眼斥责他："没出息，就只会下棋！"

围棋起源于我国，清中叶以后日见衰落，远远落在日本的后面，到清末民初是一个新旧交替的转折时期。在这个时期，段祺瑞利用自己的权势，资助围棋棋手，推进了中日围棋的交流，起到了积极作用。

围棋易学难精，要精于此道，得下功夫，这就得有个安定的生活条件。清末民初，民不聊生，一些围棋名手鲜有生活优裕的。入民国后的10年间，段祺瑞权势日隆，对围棋的兴趣有增无减，他先后设于北京五堂子胡同及府学胡同的府邸，进出的棋手极多，段氏资助这些人大体上有两种方式：一是挂虚职、支干薪；二是对局时给奖金。据说，段府每个月用之于围棋的开支常超出千元。

在众多的棋手中，有两个人追随段祺瑞为时最久，一个是汪云峰，再就是顾水如。汪是北京人，清末已享盛名，是民初棋手中资历最深的前辈，思路敏捷，多才多艺，丝珠弹唱、诗文辞赋均有所长，棋更下得好。顾水如是金山枫泾人，1914年离沪进京，年方22岁，段祺瑞视他为"弈林不可多得之天才"。

1917年春，顾水如被选送日本留学深造，成全此事的相传即段祺瑞和曾任北京朝阳大学校长的汪有龄。两年后顾水如归国，棋艺称霸于北方，成为段府的“第一棋士”。汪、顾二人与段氏关系非同一般，时人常戏称之为“棋顾问”。段祺瑞在1926年被迫下野之后迁居天津，顾水如仍是段府的常客，他在天津福禄林饭店开辟了一所棋会，又在天津《商报》编围棋专栏，介绍围棋棋艺，对促进围棋发展起过推动作用。

北洋军阀张宗昌在1920年前后曾任军长及山东军务督办等职。有一年乘专车过芦台，令人去唤一位理发师给他理发（这个理发店坐落在芦台中街即现在文化馆的对过），面对这样一个杀人不眨眼的恶魔，理发师胆战心惊，举止失措，张宗昌使着粗喉咙连声说：“不要害怕。”理完后，张宗昌令人给理发师大洋20元，理发师不敢收，说：“给大帅理发怎能要钱？”张宗昌说：“为什么不要呢？啊！是了，你是怕我的兵给你抢去。”于是呼唤，“来人把他送一送。”最后理发师收了钱，由两个大兵送回芦台。

1926年，段祺瑞下台后，手头渐渐拮据起来，接济围棋棋手自然不可能那么阔绰了，但毕竟还有点余威。1928年秋天，蒋介石曾派随行人员吴忠信奔赴天津，代他向段祺瑞请安。这一方面是因为蒋早年在保定学校修业，是段的门生，尽“师生之谊”；另一方面自然是因为皖系还有潜在势力，借段这块招牌可以用来笼络一批军阀。吴忠信到段府见到段的景况，回北京向蒋禀报，蒋当时便拨款2万元给了段祺瑞，而后数年陆续的拨款为数也不下数万元。段祺瑞在经济方面有“后盾”，与之往来的棋客自然也依然如故。

1928年5月17日，日驻华公使芳泽谦吉求见张作霖，张作霖将芳泽谦吉晾在大厅，自己在另一间屋子里骂道：“日本人不讲交情，乘机要挟，我就是豁出这个臭皮囊，也不出卖国家权利，让人家骂我是卖国贼，叫后辈儿孙都跟着挨骂，我办不到！”芳泽谦吉对张作霖盛气凌人地说道："你要真不接受的话，我日方自有办法。"张作霖反唇相讥道："怎么说？你们有什么好办法，尽管拿出来，难道又要出兵吗？我姓张的等着你好了。"

一次，张作霖请日本一位大将吃饭。为了向光临的大将表示谢意，他与大将握手时，连连说道："沙约娜拉！沙约娜拉！"大将感到莫名其妙，几乎拂袖而去。经日语翻译解说后，才明白乃是误会，是把"阿里安多"说错了。酒过三巡，副官上菜时，不小心将菜汤滴在大将身上了，张作霖连忙用餐巾为大将揩拭，一面大骂副官"阿里安多！阿里安多！"这时连那日本大将都知道他又是将"巴格牙鲁"说错了。宾主尽欢后，张亲自送日大将至门口，握手道别。当大将的车开动后，张热情地挥手，口里大呼："巴格牙鲁！巴格牙鲁！"

有一次日军杀死了一个中国兵，张作霖亲自去向日本领事交涉，提出抗议。日领事说："这事情很简单。"说着随即离座走向写字台，写了一张5000元关东券的支票，交给张作霖。张回去后立即下令，全军一半人放假回去，遇着日本人就杀。不过那时已是半夜，结果只杀掉两个日本人。凌晨3点钟，日本领事来找张作霖了，说："怎么的？你们中国人杀死了我们两个日本人，非常严重！"张作霖忙说："那简单得很。"随即交还了日本领事给他的那张支票，另外再写了一张5000元的支票交给日本领事。事后他说："这就叫以牙还牙。"

1936年10月，段祺瑞胃部大出血，终于不治，11月2日晚上8时死在宏恩医院。他殁后一年有余，陶菊隐先生在一篇《从下棋讲到做人》的文章说："老段死了，斯人而在，斯道（围棋）尚有人提倡。现在我国围棋高手们自段合肥（祺瑞）一瞑不视之后，惶惶然有曙后孤星之感。"

吴佩孚，字子玉，山东蓬莱人。22岁考上秀才，次年即因得罪家乡的官吏豪绅而被革除功名还被通缉，通过科举考试飞黄腾达的梦想破灭。他逃到北京生活无着，靠占卦算命来糊口。光绪二十四年（1898）投淮军，戎马生涯由此开始。

1904年日俄战争爆发，吴佩孚被派任日方间谍，化装成肩挑小贩，冒险混入俄军地盘刺探情报，立了功，因“功”被提拔为帮统。因其敢作敢为而被北洋军阀头子曹锟看上，1906年任北洋陆军曹锟部管带，颇得器重。很快晋升为团、旅、师长，不几年就拥兵数十万，被封为“孚威上将军”，盘踞于洛阳，控制河北、河南、山东、湖北、湖南等省，还遥控北京的曹锟政府，成了实力最强的军阀。

某“下岗”军佐，获悉吴佩孚帐下有一旅长出缺，经政要介绍拟了自荐书，里面大谈理想抱负志向，然后言归正传，最后是“愿为前驱功成解甲退居故里植树造林福泽桑梓”云云。吴佩孚批示：“且先种树。”对这等志大才疏、夸夸其谈的跑官者，吴佩孚的批示很有针对性——既然你有这种为人民服务的精神，先回乡种种树再说。

德国驻华公使的千金正值妙龄，对吴佩孚无限仰慕，相思无门，径直写信向吴佩孚求婚。吴佩孚不识德文，吩咐秘书译出呈上，那情书便成了公函。吴佩孚依例挥毫阅示——“老妻尚在！”

北平沦陷后，北洋失宠政客江朝宗出面组织“治安维持会”，江朝宗曾参与张勋复辟而受人唾骂，自知难堪“大任”，就想请吴佩孚出山。当江向吴佩孚说明其意思后，吴没有给他一点面子，把桌子拍得震天响，大骂道：“你个老而不死的东西！”吓得江抱头鼠窜而去。

土肥原以高官为诱饵，劝说吴佩孚出山“维持中日民族关系”，并保证恢复吴往日的权势。吴佩孚却果断地说：“现在根本谈不上出山不出山，如果一定要让我出山，请贵国人等一概退出中国，当然包括东北在内，如何？”

军阀张作霖，土匪出身，依靠日本支持起家，在日本向其提出得寸进尺的要求时，采取了不合作态度，被日军炸死在皇姑屯，其子张学良将军满怀国仇家恨，摈弃与国民党中央的旧怨，毅然易帜归顺，打乱了日本侵略我国东北的计划。

某次，张作霖出席日本人的酒会，酒过三巡，一位来自日本的名流，力请大帅当众赏字，他也许知道张作霖出身绿林，识字有限，想当众出他的丑。但张作霖抓过笔就写了个“虎”字，然后题款，在叫好声中，掷笔回席，那个东洋名流瞅着“张作霖手黑”几个字笑出声来。随从连忙凑近大帅耳边提醒：“大帅写的‘手墨’的‘墨’字，下面少了个‘土’，成了‘黑’了。”哪知张作霖一瞪眼睛骂道：“妈了个巴子的！俺还不知道‘墨’字怎样写？对付日本人，手不黑行吗？这叫‘寸土不让’！”在场的中国人恍然大悟会心而笑，日本人则目瞪口呆。

张宗昌的绰号是“狗肉将军”。张宗昌嗜赌，当地人称玩牌九叫“吃狗肉”，张宗昌常耍无赖。参赌的多是他的下级，不敢得罪他，只好背后骂他“狗肉将军”。

张宗昌，文化程度低，一天学没上过，人称“三不知将军”：不知道自己有多少枪，不知道自己有多少钱，不知道自己有多少姨太太。

冯国璋的绰号是“糊涂将军”。有一件事说明冯国璋的糊涂程度：袁世凯为了控制他，将自己的家庭教师介绍给他，冯国璋与这位家庭教师结婚后，他的一言一行都被这位如意夫人密报给袁世凯，而冯国璋直到死，还不知内情。

孙传芳的绰号是“笑虎将军”。孙传芳表面总是笑容可掬，实质却心狠手辣。1925年，孙传芳与奉军作战时，俘虏了对方的前敌总指挥施从滨。施当时已70高龄，见到孙传芳时，还向他行了个军礼。孙传芳满脸笑容地握着施从滨的手说：“施老，你好啊，你不是来当安徽督办的吗？那就马上去上任吧。”谁知，施从滨还没到车站，就被枪杀了。

直系将领王怀庆，是袁世凯的心腹，他的绰号叫“厕所将军”。王怀庆肠胃有病，白天大部分时间在厕所。他的办公室设计了一个“大便椅”，椅前就是办公桌。有时他就坐在“大便椅”上接见手下官员。所以，人们送他“厕所将军”的称号。

直奉战争之前，曹锟与张作霖已经是儿女亲家了，但吴佩孚是前锋大将，也是直系真正的领袖。曹为了打消吴与张战的顾虑，亲自给吴打电报：“你就是我，我就是你，亲家虽亲，不如自己亲。”

抗战时期，重庆有家专门为达官贵人理发的理发店。一天，冯玉祥来到这里，看到里面尽是一些阔绰人物。他又看到价目表：飞机式200元法币；扇面式250元法币……冯玉祥心里嘀咕：“这帮王八蛋只图个人享受，如果用这些钱买枪炮子弹，可多打好多风车啊！”于是他对店主说：“我是冯玉祥，我想赠贵店一副对联怎样？”店主受宠若惊称谢道：“冯将军题联，不胜荣幸！”于是冯玉祥挥笔写道：倭寇不除，有何颜面对镜；国仇未报，负此头颅为人！

冯玉祥被群众尊为“植树将军”，他十分爱护树木，每逢行军打仗，他都劝诫士兵，不许践踏树木。他屯兵徐州时，曾作护林诗一首：“老冯驻徐州，大树绿油油。谁砍我的树，我砍谁的头。”

吴佩孚55岁生日时，各省省长均亲往洛阳祝寿，金银财宝，送货上门。时冯玉祥督豫，只准备了清水两坛，以红绸绿绒包扎，前往祝寿。吴佩孚于宴后询问缘由。冯答无钱办寿礼，故送清水两坛，喻君子之交淡如水也。吴虽默然，但从此怀恨在心，事隔数月，即将冯调任陆军检讨使。冯忍气吞声，待直奉打仗，他乘机回京倒戈，驱吴逼曹下野，通电南北和平，并迎孙先生北上。

在直奉第二次战争之时，吴佩孚曾对张宗昌策反，张宗昌回吴一电，也是白话，也是亲拟，文称："你反曹，我就反张，咱们一起当王八蛋。"

直奉战争时，有人向曹锟进言，称直军大将王承斌系奉天人，有可能通奉，王承斌得知后，曾对曹锟及身旁人说："奉天是我的娘家，直隶是我的婆家，哪个出了门子的姑娘，能够顾娘家不顾婆家的。"

北伐战争前，张继曾去劝孙传芳与蒋介石合作，但孙传芳很善谈，张继未能说服他，便对孙传芳言："你不像一个军人，很像一个政客。"孙听后反唇相讥："我不是政客，我最反对政客。我的儿子，也不让他当政客。政客全是朝三暮四，迎新送旧的妓女般下流的东西，我是一个地地道道的军阀。"

很多人也许都听过这首歌："打倒列强，打倒列强，除军阀，除军阀！国民革命成功，国民革命成功，齐欢唱，齐欢唱！"这首名为《国民革命歌》的歌曲曾唱遍大江南北，其歌词作者廖乾五南昌起义前任第四军政治部主任，中将军衔，起义后任第二十军党代表（军长是贺龙），兼任总政治部秘书长、宣传委员会委员，1930 年在长沙被国民党逮捕，秘密处决。

彭干臣，北伐中曾任叶挺独立团作战参谋，武昌卫戍司令部参谋长（叶挺兼任司令）。南昌起义开始后，彭干臣率领所部迅速占领国民党公安局及其哨所，随即在公安局设立南昌卫戍司令部。南昌起义的第二天，彭干臣被任命为南昌公安局局长兼卫戍司令。1935 年在随方志敏率领的红军第十军团北上途中英勇牺牲。

以“一·二八”淞沪抗战”而闻名的抗日名将蔡廷锴南昌起义前任第十师师长，起义时蔡在庐山开会（那次会议上讨论剥夺叶挺和贺龙军权的计划，时任第二方面军第四军参谋长的中共秘密党员叶剑英把情报泄露出去，叶、贺乃率部起义），蔡廷锴在会议结束后见全师已经南下南昌，他没有办法，只有追上部队，回十师还当师长兼十一军副军长。

侯镜如，八一南昌起义时，任贺龙第二十军教导团团长，起义爆发后，率部担任第二十军的前锋，奋力击溃国民党第七十九团，歼敌千余名，为震惊中外的南昌起义做出重要贡献。

被称为“逃跑将军”的韩复榘，与蒋介石矛盾极深，日本人对其百般利诱，日本各军政要员纷纷到山东来访韩复榘，劝韩参加“华北五省三市自治”。一天，日本劝降使者花谷醉醺醺地闯进了韩的办公室，要韩复榘明白表示对“华北五省三市自治”的态度。“不然，”花谷猛地掏出了手枪正对着韩说，“我今天要跟你拼命！”“好说好商量，请坐请坐！”韩复榘假装冷静劝花谷不要动气时，乘机一把夺下手枪喝道：“自治不自治跟我有个屁关系！你们找南京商量去。你给我滚出去！”气得花谷拔刀要当场剖腹自杀。

韩复榘见学生打篮球，对教务处主任说：“这么多学生抢一个球，成何体统！你贪污了多少！”

韩复榘对法律一窍不通，但相当自信自己的相术，判案全凭直觉。审讯的时候，一句话不说，直直地盯着“犯人”看。看着看着，突然右手一挥，卫兵哄上来就把这人拉出去枪毙。如果是左手一挥，那么此人算是福大命大，入了他的眼，无罪释放。

韩复榘从小就喜读《包公案》《施公案》《彭公案》等公案小说，非常羡慕“清官们”的为人处事。因此，他做了山东省政府主席后，常常以主席和第三路军总指挥的名义干预司法，亲自坐堂审案，大做“清官”。

1937年，蒋介石派专机送给马步芳一件礼物：一辆当时最新式的三轮摩托车。马步芳文化水平不高，第一次见到摩托车，以为这是和马差不多的“铁驴子”，感到十分新奇。不等教官讲解如何驾驶，他便飞身上车，猛一踩油门，摩托车一跃而出。马步芳虽然在马背上能征惯战，但摩托车的速度却还是把他吓蒙了。手足无措间，马步芳紧握车把，无意之中已把油门加至最大。摩托车“突突”地飞奔，马步芳急得大喊：“吁！吁！”车一直开到去往塔尔寺的路上，被两棵大树卡住，马步芳才算脱险，保住了小命。

1938年，蒋介石给阎锡山来电说，晋东南阎的某部把中央某部的中股部队缴了械，饬令查办。阎本不知有此事，可他复电说：“被缴械的不是小股部队而是散兵游勇，是类武器如不缴回，势必流入民间，贻害社会治安。民国以来，山西之所以未发生民变与路劫，全赖不许民间私藏武器。”一份电报把蒋介石的嘴堵住，再也没有提这件事。

1938年1月，韩复榘的大部队撤至鲁西南与河南交界的曹县一带。韩复榘留下十二军孙桐萱断后，放火烧掉省府、日本领事馆和济南市重要建筑物，军队一律向鲁西南撤退。何思源问：“主席，这次战争是不是全面的？是不是民族战争？我们什么时候打？”韩复榘说：“是全面的。中国最终会胜利的，它太大了。但我们要最后参战。”

日本人让汪精卫出马说服吴佩孚，以实现所谓的“汪吴合作”。汪精卫先是派人与吴佩孚接触，1939年6月26日汪精卫又亲自飞往北平，并邀吴佩孚在铁狮子胡同日本侵华军参谋长山下奉文的公馆里会晤。吴佩孚对报界称：“吾与汪先生皆中国人也，如商国事，当相见于中国人住所。”拒绝汪的请求。汪精卫又提出在顾维钧寓所内会面。吴佩孚又以“在外面晤谈不方便”为由，请汪“来敝舍会谈”。其实他根本不愿与汪精卫会谈。后来汪精卫又派陈中孚去劝驾，吴佩孚把桌子一拍，骂道：“谁跟汪精卫合作，这个人一定下贱！”

吴佩孚五十寿庆之时，正是权势鼎盛之日，各地的军政要人和文化名人、各国驻华使馆的武官云集洛阳，清废帝溥仪也派出其“摄政王”前来祝贺。连曾名震朝野的维新派首领、著名学者康有为也大拍马屁，献寿联云：“牧野鹰扬，百岁功勋才一半；洛阳虎视，八方风雨会中州。”

1939 年 12 月 4 日午后 3 时 45 分，吴佩孚被日本特务利用手术之机刺杀在手术台上。吴佩孚的死顷刻间传遍了北平城，“大帅没有屈服于日本人”，这感动了北平的老百姓，人们纷纷为吴佩孚送行。

马步芳认为，自己能够化险为夷，全靠大树的保护。感激之余，马步芳下了一道“植树令”：所有的荒山荒地，一律植树绿化。他拨巨款购买树苗，先是在塔尔寺，后来在整个西宁城，开展了大规模的植树活动。后来手下的一个官兵砍了一棵树做了扁担，马步芳知道后就枪毙了这个士兵，还说以后谁要是再砍树这就是榜样。

1930 年，马步芳在出任西北军新编第九师师长时，曾经命令所部士兵，每人每年植树 5 至 7 棵。1937 年，已经成为青海省政府主席的马步芳，曾专门颁发文件，明文规定每年清明节前后的一个月为植树期，此间军队停止训练，机关停止办公，学校停课，商人停止营业，全民植树。

从 1912 年至 1935 年，贵州各派系地方军阀对贵州实行了长达 20 余年的统治，各派人物轮番上台，“你方唱罢我登场”，其间主黔政者走马灯般更迭 10 多人次。

世道第七

1843 年 3 月，清政府国库出现了 925.2 万余两的巨额亏空。清廷震怒，下令稽查。库丁监守自盗的行径自此暴露。然而，暴露的原因不是被查，竟是分赃不均。1842 年 11 月，负责进库过秤报数的库丁张诚保，在匆忙之间把第二秤报成了第三秤，没被发觉，于是开始大胆做手脚，把第七秤报成第十秤，再次蒙混过关，多出的银子被库丁瓜分。此举被人察觉，那人敲诈不成，竟一怒上告，导致东窗事发。

道光以来，世风柔靡。稍志直，即不容矣。还有一人赋《一剪梅》四首以讥讽这种官场风气。其一云：仕途钻刺要精工，京信常通，炭敬常丰；莫谈时事逞英雄，一味圆融，一味谦恭。其二云：大臣经济在从容，莫显其功，莫说精忠；万般人事要朦胧，驳也毋庸，议也毋庸。其三云：八方无事岁年丰，国运方隆，官运方通；大家赞襄要和衷，好也弥缝，歹也弥缝。其四云：无灾无难到三公，妻受荣封，子荫郎中；流芳身后更无穷，不谥文忠，便谥文恭。

咸丰帝上台伊始，即诏谕科道九卿等有言事之责者，可就用人行政一切事宜据实直陈，封章密奏。曾国藩以为国家振兴有望，上《应诏陈言疏》，就人才的识拔、培养、使用提出自己的主张；于咸丰元年三月又上《议汰兵疏》，主张对绿营兵裁汰五万，痛加训练，以解决国用不足、兵伍不精的问题。然而，他的建议不被清廷所采纳，也表明咸丰帝下诏征言，不过是故作姿态。这引起了曾国藩的愤懑与不满。在给同年好友胡大任的信中说："今春以来，粤盗愈加猖獗，西尽泗、镇，东极平、梧，二千里中几无一尺净土。推寻本源，何尝不以有司虐用其民，鱼肉日久，激而不复反顾。盖大吏泄泄于上，而一切废置不问者，非一朝夕之顾也。"又说："国藩尝思虑，以为天下有三大患：一曰人才，二曰财用，三曰兵力。"而要解决这些问题，非得对清朝的现状大加改造不可。

孙家鼐去张尚书家赴宴，同席的林侍郎问："皇上学识如何？"孙家鼐说："天资聪颖，好学不倦。"话音未落，翁同龢到。主人邀翁同龢上座，既入座，有人又以林侍郎的问题问翁同龢。翁同龢沉吟半晌，说："皇上驽钝，久学无进步。"孙家鼐说："是这样。"又说："我从来不喜欢对人说起皇上的事，承林公相问，不得不答，实在是说了谎话啊。"德宗为慈禧所忌讳，翁同龢所言，不无深意。孙家鼐随风转舵，足够机警。

清同治四年（1865），被誉为西方铁路之父的铁道专家麦克唐纳·斯蒂芬生出现在金碧辉煌的琉璃瓦的大屋下，向同治小皇帝，实际是向龙椅之后垂帘听政的慈禧太后，建议了一个发展中国铁路计划的神话："以扬子流域的华中商业中心——汉口为出发点，修筑一条东通上海，西至四川、云南等省，直达印度的铁路干线。"为了证明他所言不谬，特地在宣武门外造了一条一里多长的小铁路，试验一列火车。当这个"怪物"汽笛一鸣，钢轮铁轨隆隆摩擦，声震京华。立在一旁的大臣禁不住大声疾呼，火车会震动先帝陵寝，于庙堂不利。当下"龙颜"大怒，命步军统领衙门，收了"怪龙"。斯蒂芬生非常失望地离开了中国，临走时不禁哀叹："中国铁路时代尚未到来。"

《辛丑条约》签订后，清廷将巨额赔款分摊给了各省。为筹集赔款，各省官员都伤透脑筋。两湖总督张之洞的解决之道与京城官里的太后和皇帝一样：摊派。在张之洞辖内的两湖地区，凡发行彩票，知府必须买500张，知府只有再令每县必买50张。知县接着将彩票逐街逐户“挨售”，哪一户不买就会被“关入衙门”。史书记载：一人因家境稍丰，被摊派到两张彩票，而他只愿买一张，结果被抓到知府里。知府大人对此案判决如下：买两张，再罚两张。

晚清时，社会动荡。官员按惯例向皇帝呈报社情时，往往报喜不报忧，有事则尽量隐瞒，说“平安无事”；难事隐瞒则大事化小，或说英勇作战，终因敌众我寡，先走一步，虽战败，但屡败屡战，顽强不屈云云。1850年，广西爆发数十股起义。巡抚郑祖琛最初瞒报，最后因无法隐瞒，呈报朝廷。咸丰皇帝刚刚登基，闻讯大怒，立即将其革职，随后四易主帅，然而太平军迅速北上的势头不减。由于朝廷严厉，官员撤不胜撤，走掉的官员甚至连奏折也不送，望风而逃。

清末官场做官秘诀：做官的第一秘诀是巴结，人家巴结不到的，你巴结得到；人家做不出的，你做得出。做官十二字诀：笑骂由他笑骂，好官我自为之。

清末京城里的官，总是嚷嚷自己的俸禄低，嚷嚷自己穷，有一首《京官曲》，甚至说他们已经“穷”到这样的地步：“淡饭儿刚一饱，破被儿刚一觉。”还说“这一支破锅儿等米淘，那一支寒炉儿待炭烧”。这京官也够可怜见的，竟然“穷”到了等米下锅，待炭生火的地步。

1911年10月4日，清廷谕令内阁：典礼院会同礼部各衙门创作、呈览的“国乐”，“声词尚属壮美，节奏颇为叶和，着即定为国乐，一体遵行”。“国乐”名为《巩金瓯》：“巩金瓯，承天帱，民物欣凫藻，喜同袍，清时幸遭。真熙皞，帝国苍穹保。天高高，海滔滔。”语言有点晦涩，意思却很美满：承蒙上天庇佑，当保牢疆土。老百姓们都欢欣鼓舞，庆幸生于清平盛世，真是幸福吉祥，心情舒畅。大清帝国有上苍保佑，会像苍天一样不会塌下，像大海一样不会枯干。但六天后，武昌起义爆发，清廷灭亡。

1911年10月10日，湖广总督在武昌实施全城戒严，搜捕革命党人，革命处于群龙无首的状态，一部分革命党人自行联络，准备发动起义。当晚，新军工程营的革命党人熊炳坤、金兆龙等人率士兵鸣枪冲出营房，占领楚望台军械库。震惊中外的武昌起义爆发了。经过一夜的激战，革命军占领武昌，12日，武汉三镇全部光复，历史上称这次革命为“辛亥革命”。

武昌起义成功后，湖北军政府成立，黎元洪任都督。宣布废除宣统年号，改为黄帝纪元，国号为“中华民国”。

1911年底，孙中山从海外回到上海，受到热烈欢迎，各省代表在南京集会，推举孙中山为中华民国临时大总统。1912年1月1日，孙中山在南京宣誓就职，宣告中华民国正式成立。采五色旗为国旗，改用公历，以中华民国纪元，1912年为民国元年。

1912年2月12日，宣统帝正式下诏退位，统治中国260多年的清王朝结束！

清帝退位第二天，袁世凯通电声明赞成共和，孙中山向南京参议院提出辞职，接着参议院选举袁世凯为临时大总统。1912年3月，袁世凯在北京就任中华民国临时大总统，孙中山正式解除临时大总统职权，临时政府迁往北京。

袁世凯做了临时大总统后，建立起反动的独裁统治。1912年底，国民党在国会选举中获胜，准备组织责任内阁，以限制袁世凯的权力，引起袁世凯的恐慌。1913年3月20日，袁世凯派人在上海车站暗杀了国民党代理理事长宋教仁。

1912年4月，袁世凯和英、法、德、俄、日五国银行团签订了《善后借款合同》，打算用借来的钱作为镇压革命党人的军费。6月，他下令罢免国民党籍的江西、安徽、广东三省都督，并派兵南下，挑起内战。

北洋时代参谋总长张怀芝素不到部办公，也不发薪水，部员无事可做，整天下棋看报，喝茶聊天。张总长过年难得到部团拜一次，即被部员包围索饷，声称快饿死了。张总长悠悠答曰：你们觉得肚子饿了，赶快把裤腰带煞煞就不饿了。

孙中山号召举行“二次革命”，反对袁世凯的独裁统治。1912年7月12日，江西都督李烈钧在江西湖口宣布独立，组织“讨袁军”，发布讨袁檄文。黄兴也在南京宣布独立。接着，广东、安徽、福建、湖南、四川等省也相继宣告独立。

从1912年起，中国军阀混战几乎连年不绝，甚至一年之内就发生几场战争。直皖战争和第一次直奉战争是20年代初规模最大的军阀混战。

1912年7月23日，袁世凯发布“讨伐令”，北洋军大举进攻江西、南京。7月25日，北洋军攻陷湖口。8月18日，南昌陷落，李烈钧出走。北洋军攻打南京时，黄兴先期出走。9月1日，北洋军攻陷南京，“二次革命”失败。袁世凯下令通缉孙中山，孙中山被迫流亡国外。

袁世凯镇压“二次革命”后，开始肆无忌惮地专制独裁，准备“称帝”，使“民国”逐渐蜕变成了“帝国”。

1915年12月25日唐继尧、蔡锷、李烈钧等向全国发出通电，宣布云南独立，反对帝制，武力讨袁。消息传出，昆明欢声雷动，全市游行，高呼“打倒袁世凯，拥护共和”的口号。接着，组织了护国军都督府及护国军（因为讨袁实为护卫中华民国，故定名为护国军），开赴四川、贵州、两广与北洋军阀生死搏斗，护国战争开始。

护国军得到群众支持，打得袁世凯的北洋军节节败退。许多省纷纷宣布独立，1916年3月袁世凯被迫宣布取消帝制。5月孙中山发表《第二次讨袁宣言》，号召人民继续斗争，“还要永远铲除帝制”。反对袁世凯的风暴不断扩大，袁世凯众叛亲离，于1916年6月6日，在举国的讨伐声中绝望地死去。护国战争取得了胜利。

袁世凯死后，他手下的北洋诸将一个个跳上台来，一年后，府（黎元洪）、院（段祺瑞）为参战相争，张勋借口调停，领兵入京复辟，段祺瑞在马厂誓师讨逆，战火一开，被张勋胁迫来的京郊驻军纷纷反正，其手下大将，留守徐州的张文生通电投降，宣布倒戈，顺便接收了张勋的安徽督军，整个战事，伤亡仅百余。

张勋复辟的闹剧刚一收场，复职的段祺瑞开始“统一”中国的伟业，南北爆发冲突，北洋军阀先拿湖南开刀，战事未开，湘军就有一个师长两个旅长宣布效忠北洋政府，谭延闿被迫不战辞职，不过湘军其他部队却宣布“独立”，仗还得打，这次轮到北军倒戈，刚投向北军的一个旅转身又在“湖南人不打湖南人”的口号下投向南方。

南北之战没打出个结果，北洋内部的直皖两系先行自相残杀起来，直军靠实力取胜。直皖战罢不久，直奉之间又开火，长辛店一战，双方争斗异常激烈，张作霖派十六师前往增援，不料师长邹芳率部倒戈，战线崩溃，奉军大败，张作霖败回东北。两年后，心有不甘的张作霖卷土重来，成功策反了直军第三军总司令冯玉祥，冯玉祥倒行军杀回北京，端了吴佩孚的老窝，从此直系一蹶不振。

张作霖得了天下，分封功臣，扶植卢永祥去占苏、浙。当卢正和江苏的齐燮元打得热闹时，孙传芳突然从背后杀出，卢刚收编的地方实力派张国威、夏超、陈仪、周凤岐等纷纷倒戈，卢正只好通电下野。

奉军亲自出马，兵不血刃占领苏、皖，不料孙传芳刚一反击，原来降奉的陈调元、邓如琢、白宝山等转身又倒向孙，奉军溃败，5天之内，苏、皖失守。但张作霖的倒霉事还没完，手下大将郭松龄又率奉军精锐反戈一击，险些倒了张家在东北的江山。

北方纷扰未定，南方战火又起，湖南省长赵恒惕的爱将唐生智打了“翻天印”，驱赵自立，这一行动惹恼吃够倒戈苦头又和赵惺惺相惜的吴佩孚，湖南顿成前线，唐大败，两广出兵援唐，北伐开始。

国民革命军入湘，所向披靡，贵州袁祖铭率先易帜，赣军赖世潢未战先接受改编。吴佩孚坚守武汉三镇，本已连挫北伐军两次攻势，汉口防守司令刘佐龙突然阵前倒戈，贺耀祖亦“加入”北伐军，武汉失守。随之南方诸省相继倒戈投降北伐军，江南全成国民政府天下。

第一次国内革命战争即北伐战争，又称“第一次大革命”。是1924年至1927年中国人民在中国共产党和中国国民党合作领导下进行的反帝反封建的革命斗争。

1919年10月，孙中山改组中华革命党为中华国民党，废除旧总章，采用新规约，以“巩固共和，实行三民主义”为政纲。

1921年7月23日，中国共产党成立，标志着中国第一个无产阶级政党诞生。

1923年6月中国共产党第三次全国代表大会确定全体共产党员以个人名义加入国民党，与国民党建立革命统一战线的方针。

1924年1月在中国共产党人的参加与帮助下，孙中山在广州召开了国民党第一次全国代表大会，重新解释了三民主义，确定了联俄、联共、扶助农工的三大政策，标志着第一次国共合作的建立。

国民党改组后，孙中山总结了历史的经验教训，在苏联和中国共产党的帮助下，创办了中国国民党陆军军官学校（1926年2月改称国民党中央军事政治学校），培养军事干部，因学校校址在广州市郊珠江中的黄埔岛上，所以简称为黄埔军校。

阎锡山采取一系列措施扩充自己的实力，在太原逐步建立起一整套完善的军事工业体系，这一体系后来成为建国后太原军事工业的基础。凭借充足的军需物资保障，从1917年到1930年，踌躇满志的阎锡山先后4次扩军，使晋军由7000人猛增到20余万，成为一支举足轻重的力量。

1927年4月18日蒋介石建立南京国民政府后，虽在桂系李宗仁和武汉汪精卫集团的压力下，曾于8月13日宣布下野，但很快就趁西山会议派和桂系把持的中国国民党中央特别委员会遭到各方反对之机，于1928年2月3日至7日召开中国国民党四届二中全会，重新掌握了南京国民政府的军政大权。为稳定国民党内部和缓和全国人民的反对，蒋介石决定继续北伐，并将国民革命军分编为四个集团军，由他及冯玉祥、阎锡山、李宗仁分任总司令。4月5日，南京国民政府发表《北伐宣言》。7日，下达总攻击令。收服北洋军阀残余势力的战争正式开始。

1927年蒋介石叛变革命后，对外投降帝国主义，对内实行法西斯统治，血腥屠杀共产党人和革命群众。8月1日，以周恩来为首的中共前敌委员会领导了南昌起义。8月7日，中共中央在汉口召开紧急会议，纠正了陈独秀的右倾投降主义错误，确定了实行土地革命和武装反抗国民党反动统治的总方针。

1927年9月9日，毛泽东领导了湘赣边界的秋收起义，10月率领秋收起义部队到达井冈山，创立了第一个农村革命根据地，为中国革命开辟了以农村包围城市最后夺取城市的正确道路。

1928年底，身负国仇家恨的张学良东北易帜，蒋介石从形式上完成了全国的统一，随之而来的便是意在“削藩”的编遣会议。蒋介石要排除异己，地方诸侯要保存实力维持割据，各大军阀之间的矛盾迅速激化，编遣会议不仅没有实现缩编军队的目的，反而成为新军阀混战的导火索。

1929年5月，蒋桂战争之后，除了那400万大洋，蒋介石为稳住冯玉祥而许下的诸多诺言均未兑现，冯玉祥一怒冲冠，枕戈待战，然而，他的部下韩复榘、石友三等均被收买，通电拥蒋，冯玉祥势孤力穷，通电下野。

1930年底到1931年9月，红军在毛泽东等领导下粉碎了蒋介石对中央根据地的第一、二、三次反革命“围剿”。1931年11月在江西瑞金成立了中央工农民主政府。同年发生了日本帝国主义侵占中国东北的“九一八”事变。由于王明“左”倾错误，红军在第五次反“围剿”中遭受失败，于1934年10月撤出中央根据地进行长征。

1930年4月1日，阎锡山就任“中华民国军总司令”，冯玉祥、李宗仁就任副总司令，三人分别在太原、潼关、桂平宣誓就职。冯玉祥在就职宣言中指斥蒋介石为国家动乱不安的祸根，历数了蒋介石践踏民主、弄权卖国的种种恶端，并发誓要为国家除此祸害。

1930年4月5日，蒋介石下达“讨伐令”，与阎锡山、冯玉祥、李宗仁之间的军阀混战全面展开。蒋、阎、冯、李四派军阀的斗争和混战，从1929年到1930年间，曾多次爆发。1929年3月首先爆发蒋桂战争，4月桂系失败，李宗仁、白崇禧逃往国外。1929年5

月22日，蒋介石下令讨冯，27日，冯玉祥宣告下野。阎锡山从中渔利。1930年4月至11月，各反蒋派联合反蒋的“中原大战”爆发。

1930年8月，汪精卫主持的国民党中央党部扩大会议决定组织与南京对抗的国民政府，1930年9月9日9时，志得意满的阎锡山在北平怀仁堂宣誓就任国民政府主席。

1931年“九一八”事变后，太原抗日救亡热情高涨。12月8日，数千名学生先后到山西省政府和省教育厅请愿示威。12月18日，数千名学生又来到国民党山西省党部请愿，在交涉过程中，国民党纠察队大打出手，打死1人，打伤14人，酿成“一二·一八”惨案。遥控山西的阎锡山利用这一事件查封了国民党山西省党部，将蒋介石的势力排挤出山西。

“九一八”事变爆发后，正在江西“剿共”的蒋介石于9月21日返回南京。次日上午8时，蒋介石在南京中央大礼堂召开的全南京市党员代表大会上，昂首挺胸地说：“……我蒋介石愿意死在日本人枪林弹雨之下。”在场的一位考试院的信口说道：“不要言过其实吧！”站在讲台上的戴季陶大声疾呼谁讲这话，快上来向蒋委员长认错。讲话的那人走上讲台，蒋介石不问青红皂白，就打了那人两耳光，当时全场“噤若寒蝉”，鸦雀无声，被打的人也不敢出声，只有连忙向蒋介石认错，并向他行三鞠躬礼后下台。第二天，日本人在上海小报上报道：“国民政府主席，太不宽宏大量了，打人两耳光，真是一个大草包。”

1932年，国民党内部蒋、汪合流，阎锡山东山再起，就任太原绥靖公署主任。阎锡山回到太原后，大力镇压共产党，陆续将在中原大战中退入山西的十几万客军运动出境，山西又恢复了阎记的一统天下。

1935年1月，中国共产党党中央在遵义召开了政治局扩大会议，结束了王明“左”倾冒险主义在党中央的统治，确立了以毛泽东为代表的新的中央的正确领导。此后红军粉碎了国民党的围追堵截，克服了张国焘的右倾分裂主义，胜利完成了长征。

1935年，上海《新生》周刊刊载《闲话皇帝》一文，泛论古今中外的君主制度，其中说到日本天皇有名无权，是日本军部借以掩饰罪恶统治的摆设。日本方面向国民党政府提出强烈抗议和无理要求，国民党政府唯命是从，查封了《新生》，并将主编杜重远判刑。国民党中央还电令全国加紧压制抗日言论和取缔抗日运动。这就是中日反动派联合制造的“《新生》事件”。

1936年，广东陈济棠又联合广西桂系发动两广事变，蒋介石照方抓药，银单和委任状一到，号称天下第一的广东空军全体北飞投蒋，头号大将余汉谋宣布倒戈，其他将领或降或走，老蒋不费一兵一卒将其解决。此后，经历“西安事变”和“七七”事变，全民族转入抗战，民国军阀内战暂画上句号。

《文萃》周刊由国闻社记者孟秋江等创办并主持编务。多位地下党员和民主人士在该刊工作。起初，它是一份集纳性和文摘性刊物，转载一些大城市的进步报刊言论，后改组成时事政治刊物。“述评”是它的特色。它揭露国民党当局发动内战、镇压民主的真相，反映人民群众的要求和民主的呼声，1947年该刊被迫转入地下，后遭国民党查封，主要工作人员共产党员陈子涛、骆何民、吴承德三人被害，史称“文萃三烈士”。

1941年1月初，国民党一手制造了震惊中外的皖南事变，使新四军蒙受巨大损失，国共两党的关系也因此降到了最低点。

1945年8月，蒋介石在日军投降前后三次发电邀请毛泽东到重庆商谈“国际、国内重要问题”。毛泽东同月偕同周恩来、王若飞前往重庆谈判。10月10日，国共签订《政府与中共代表会谈纪要》

（即《双十协定》），同意避免内战，但未能就共产党政权及军队的合法性达成共识。

1946 年 6 月 26 日，蒋介石不顾来自各方的和平呼声，公然撕毁停战协定和政协协议，大举进攻中原解放军，全面内战爆发。

第三次国内革命战争亦称解放战争，是 1945 年 8 月至 1949 年 9 月中国人民解放军在中国共产党的领导和广大人民群众的支持下，为推翻国民党统治、解放全中国而进行的战争。

从 1946 年7月至 1950 年 6 月，人民解放军在 4 年多的解放战争中，共歼灭国民党军 807 万余人，彻底摧毁了国民党各级反动政权，从根本上推翻了帝国主义、封建主义和官僚资本主义在中国的统治。

爱憎第八

道光二十年(1840),文庆典江南乡试,充任主考官。副考官为刚刚授职翰林院编修的胡林翼,他因私携江西举人胡某入闱事泄,当受重处。“文庆重林翼才识,以为将来必能大有展布,若以新进获重咎,将难再起。己为旗员,且旧臣,虽降黜易于登进也。因挺身自认其事,遂降四级为鸿胪寺卿,胡林翼仅坐失察降一级。”由此可看出文庆对汉人的护佑、识拔。

曾国藩酷爱写挽联简直到了痴狂的地步,甚至常给活着的人写。因为活人忌讳,他便偷着写。一次,一好友到曾国藩家中拜访,在书房,朋友见砚下压着几张纸,以为新文,便欲欣赏,不料曾国藩竟死死护住。好友硬抢过来,竟看到了包括他自己在内的十几人都被曾国藩一一“敬挽”了一番。好友怒不可遏,拂袖而去,自此断交。

咸丰十一年十一月,李秀成攻杭州,十门合围,粮断信绝,浙江巡抚王有龄惶恐无计,坐以待死。有龄虽立志自杀,而挂念百姓,恐其遭“发妖”滥杀,尝与师爷商议:我写信给伪忠王,求他高抬贵手,放过一城百姓如何?师爷云:这封信可不好写。信中上款如何称呼,便费周章。称得不好(若“贼”若“伪”字样),他必发怒,怒则一通狂杀;称得太好(如“王”如“帅”字样),回头皇上还要误会您投降了他。有龄一想，这封信确实写不得，乃“捶心而叹”：算了，信不写了。杭城定不能守，我就坐在这儿，等他入城，看一眼他是何等人物，当面请他赦免了百姓，我再自杀罢。师爷再摇摇头，说道：此计亦不可行！此人若来，是万不会让你死掉的。因此，太平军攻破杭州，王有龄便自缢了。李秀成早已耳闻王有龄的事迹，有惺惺相惜之意，入城后即“冲到王有龄衙内，寻取此人”，终在抚署后花园找到他的尸体。李秀成叹息之余，令人整治棺椁，并在王氏亲兵营中点派500人，给他们15条船、3000两银子，嘱托他们将忠臣骸骨送回家乡安葬。

章太炎有一个外号，叫作章疯子。清光绪末年，梁启超、麦孟华奉康为教主，在上海宣传《公羊》义法，说是“不出十年，必有符命！”太炎先生嗤之以鼻，曰：“康有为什么东西！配做少正卯，吕惠卿吗！狂言呓语，不过李卓吾那一类货色！”康氏徒党，恨之入骨！

有门生拜见杨味春，并呈诗一卷，首句云：“我生有贵相，十指皆箕斗。”见面后，杨公说：“我的门下没有君这样的人。”门生听后，以为杨公是看了所呈试卷才会这样说，于是更加谦逊。杨公笑着说：“昔日阮文达为妾作传，有‘生有贵相，十指箕斗’之句，已成笑谈。君竟剽袭其诗句以自夸，还知道人世间有羞耻二字吗？所谓门下没有像君这样的人，正是此意也。”门生面红耳赤离去。

庚子之变，山西巡抚毓贤剿匪不利，行至兰州时被就地正法。当时，甘肃布政史李延箫是毓贤的旧时同僚，劝其自裁。毓贤说：“我乃大臣，今既有旨杀我而我不引颈受刃，即是朝廷不能令行禁止。感谢李君，不要为我挂念。”毓贤死后，延箫私下对亲友说：“当时山西拳祸初起，我在地方任职，亦有不可推脱的责任，今天又怎能独自偷生。”于是饮药自尽。

慈禧对佛是很虔诚的，念经供佛从不间断，即使有时外出巡视也必如此。有一次北京少雨，全华北五谷受害。依照习俗，凡遇此情形，慈禧与朝廷官员便要每日向如来佛求雨，一直求到雨来为止。这一次只求告三天雨就来了，李莲英很兴奋，便趁机恭维慈禧，说太后真是了不得，差不多就好像是佛爷一样。这番恭维的话使慈禧很高兴。从此以后，慈禧就变成了李莲英的“老佛爷”，每次奏话的时候，总是这么称呼。不久以后，“老佛爷”这个称号就不胫而走，传遍宫里宫外、北京及全国。

光绪二十八年，慈禧太后过寿，两湖地区各衙门张灯结彩，并唱新编的“爱国歌”以示庆祝。时在张之洞幕中的辜鸿铭对梁鼎芬说：“满街都在唱‘爱国歌’，竟未闻有唱‘爱民歌’。”梁鼎芬回答说：“那你就编出歌词来给人家唱吧！”辜鸿铭略一思索，便脱口而出：“天子万年，百姓花钱；万寿无疆，百姓遭殃。”

慈禧七十大寿时，林白水在报上发表一副对联曰：“今日幸西苑，明日幸颐和，何日再幸圆明园？四百兆骨髓全枯，只剩一人何有幸？五十失琉球，六十失台湾，七十又失东三省！五万里版图弥蹙，每逢万寿必无疆！”

章太炎16岁那年，受父命参加“童子试”，当时试卷的试题是：论灿烂之大清。考场上非常安静，考生们都在埋头答题。章太炎想起鸦片战争后中国所遭受的苦难……这怎能证明大清灿烂呢？于是把自己的积愤洒于字里行间。不到一个小时，便完成了答卷。交卷后，章太炎正要离开考场，只见主考官拍案而起：“你的胆子真够大的啊，竟然……”章太炎非常镇定地说：“我之所思，件件合乎当今国人之思；我之所论，桩桩合乎国情之实，何罪之有？”顿时，考场出现了一阵骚乱。主考官无法驳倒他，为了不把事态扩大，令人将章太炎挟出考场。出了考场的章太炎依然镇定自若。

刘师培经不住富贵利禄的引诱，先变节为清廷密探，后为“筹安会”六君子之一。刘师培曾拉黄侃称说帝制，黄侃声色俱厉地说：“如此等事，请先生一人任之。”然后拂袖而去。

肃顺掌权时不喜满人，待之如奴隶，对汉人却礼敬有加。他曾说：“咱们旗人浑蛋多，懂得什么，汉人是得罪不得的，他那支笔厉害得很。”

彭家珍在刺良弼之前，曾说：“此人新组宗社党，潜力非凡，若不除之，共和必难成立。”良弼遇刺后，一时未死，也对彭家珍赞不绝口，说：“刺杀我者真乃英雄，知道我是大清的栋梁。如今我死，大清必随我而亡。”不出二人所料，良弼一死，宗社党即手足无措，清朝随之灭亡。

1912 年，袁世凯当选为大总统后，利用各种手段试图控制国会。1913 年在宋教仁遇刺及大借款案发生后，国会议员对政府提出四大弹劾案，一些省份的议会也对袁世凯的人为宠佞戕害言论自由提出弹劾，要求其到议会做出解释。袁于是对地方大员大肆行贿，但多数议员正直无私，并不买袁的账。李烈钧做寿时，袁送上 200 万元作为寿礼并晋勋爵。李毫不客气地拒绝。对此，李烈钧后来说：“余思建勋于国家，岂丑类所得诱饵。袁见不能利诱，嫉妒颇甚，欲去余尤急。”

袁世凯称帝以前，他手下的亲信就已恢复了跪拜礼，只有段祺瑞不肯。一次，冯国璋拉段祺瑞到袁世凯那儿去拜年，冯国璋劝段祺瑞：“芝泉，你别任性吧，皇帝和终身总统有什么区别？跪拜礼和脱帽鞠躬礼又何尝不是一样？”冯国璋见了袁世凯，自己先跪了下去，段祺瑞没有办法，只得依样跪拜。袁世凯见两位大将跪在自己的面前，倒有些不好意思，慌忙站起来，躬着腰说：“不敢当，不敢当！”冯国璋和段祺瑞坐了一会儿，再至袁世凯的大儿子袁克定处，也行跪拜大礼，心中自然十二分委屈。怎知这位大少爷却端坐不动，受之泰然。段祺瑞一肚子的怨气，怒冲冲地跑出来，埋怨冯国璋说：“你看，老头子倒谦逊不遑，大少爷却架子十足，哪里拿我们当人！我们做了上一辈子狗，还要做下辈子的狗！”冯国璋亦连连摇头说：

“芝泉，莫说你发怒，我亦忍耐不住，今后我跟着你走，我们不能再当下一辈子的狗！”冯、段的牢骚，传到了袁克定耳朵里，他淡淡地说：“这正是我的安排，这两个人都是老头子养大的，现在他们都有点尾大不掉，我若不折折他们的骄气，将来他们更不得了，难免不爬到我的头上呢！”

徐世昌是袁世凯的宠臣，他在过生日时，招来很多演员演戏。这天，演出的是《大登殿》，扮演皇帝的是孙菊仙，戏中文武百官请圣上登宝座，孙菊仙谦让，口中连称：“不敢，不敢。”文武百官“不解”，忙问何故。“自从清室退位，从前皇帝已经没有了，现在是民国，并没有皇帝，将来的皇帝，还没有出现；我是什么东西，我是什么东西，怎敢做皇帝，怎么敢做皇帝！”说罢，孙菊仙用手指着满脸惊讶的徐世昌，笑问道：“哈，现在谁是你的皇帝？”说完，孙菊仙后退三步，大声说道：“哈，我又是谁家的皇帝？”言毕，扬长而去。看戏的达官贵人们一个个面面相觑，呆若木鸡。

蒋百里留日回国后担任保定军校校长，段祺瑞担心蒋“坐大”，故对保定军校百般刁难，要物不给，要钱没有。蒋百里拿着总统批示的条子来提钱，徐树铮在段的纵容下说：“既然是总统批的条子，你就去找总统要钱吧！”蒋百里悲愤交加，星夜赶回保定军校召集全体学员开大会，他哽咽道：“我从来没想到中国的事情太难办了，这里难办，别处也一样难办。我对不起大家……”说完，拔出手枪，对着胸口就是一枪。

民国初年，议会贿选成风。辜鸿铭在参加北京饭店的国际性聚会时，遇到一个贿选的议员，辜鸿铭指着此人，操英语说道：“这家伙要用 800 大洋买我的选票，诸位，我辜鸿铭如此之卑贱吗？”

王闿运在担任袁世凯的国史馆馆长时，袁世凯为讨其欢心，经常让人陪他去游览名胜古迹。一次，王闿运指着总理衙门对身边的人说：“这里是动物园。”身边的人感到奇怪，问道：“怎么会是动物园呢？”王闿运解释说：“那里面住的内阁总理熊希龄是湖南凤凰人，凤凰是飞禽，而熊（熊希龄）呀、袁（袁世凯）呀是走兽。飞禽与走兽聚集于此，不是动物园是什么？”

民国建立后，胡汉民在任广东都督，他哥哥胡清瑞的女婿孙甄陶前往拜访，并请求在都督府中给他安排一个职务，胡汉民当时以“人事不宜”为由婉拒。孙甄陶不死心，又请求当任一事务所的所长，胡汉民回答道：“所长必有所长，你有何所长可任所长？”

蒋梦麟代理北大校长时,和教育系的教授高仁山是莫逆之交。1927年10月，张作霖以高仁山参加政党，反对北京政府的名义下令逮捕，不久处以枪决。高仁山死后，蒋梦麟对其妻陶曾谷很是照顾。当蒋梦麟的妻子病故后，他便与陶曾谷结为夫妇。婚礼上，蒋梦麟答谢宾客时表示：“我一生最敬爱高仁山兄，所以我愿意继续他的志愿去从事教育。因为爱高兄，所以我更爱他爱过的人，且更加倍地爱她，这样才对得起亡友。”

民国期间，蔡元培、蒋梦麟、胡适、傅斯年等曾先后担任北京大学校长，对北大有不可磨灭的贡献。傅斯年在逝世前曾说过：“蒋梦麟的学问虽不如蔡元培，办事却比蔡元培高明。而我的学问及不上胡适，但办起事来，要比胡适来得高明。”接着他批评蔡元培、胡适两位校长办事叫人不敢恭维。一旁的蒋梦麟听了深表赞同，他对傅斯年说：“蔡元培、胡适两位校长是北大的功臣，而我们两人不过是北大的功狗罢了！”

“五四运动”爆发后，邵飘萍主持的《京报》快捷真实地连续报道，将运动消息传播到全国各地，不遗余力地为营救被捕学生呼吁。6月4日，邵针对徐世昌政府袒护曹、陆、章，反而镇压爱国学生的行径，在《京报》上撰写《为学生事警告政府》，明确指出：“镇压学生的爱国反帝运动，就是为卖国扫障铺路”，鼓励社会各界“持久进行斗争”，警告政府不可用“军警之办法”对付学生，否则爱国风潮将“更为猛烈扩大”。家人劝其少在报纸上写得罪政府的文章，邵飘萍一听就生气，说：“北洋军阀如此倒行逆施，我怎能不讲？就是枪毙，我也要讲。”8月，《京报》等11家同情学生的报纸被政府以“鼓吹社会革命、无政府、同情罢工、共产等邪说为宗旨”为由查封，邵飘萍避走上海。在上海，邵飘萍依然未停止战斗，创作沪剧《醋熘黄鱼》讽刺北洋政府，轰动一时。1920年，段祺瑞政府垮台，邵回北京，于9月7日重振《京报》。

1921年，齐白石从北京到长沙，一个老友碰到他后，向他求画，齐白石欣然画了给他，并没有收取报酬。第二年，齐白石再到长沙，这位朋友得寸进尺，又来向他求画，并且指定要画一条大鲤鱼，齐白石并没有多说什么，把画画好后送去，上面却写了一首诗：去年相见因求画，今日相求又画鱼，致意故人李居士，题诗便是绝交书。

1922年，孙中山在广州成立军政府，胡汉民任大元帅府总参议，孙科则任广州市市长。由于胡汉民与孙科不和，一度想辞职他去，经孙中山出面调解挽留，才打消此念头。事后，胡汉民对朋友说：“孙科有三种脾气：第一，他是孙中山的儿子，有革命脾气；第二，他在国外长大，有洋人脾气；第三，因为他是独子，有大少爷脾气。而这些脾气，有时发作一两种，有时三种一起来，谁也受不了。”对方听完反问道：“那您是什么脾气？”胡汉民答道：“只有追随孙中山的革命脾气而已。”

黄埔军校开学不久便成立了特别党部，作为国民党党员的蒋介石很快就以校长、特别党部的名义下达文件，直接指定各党小组长，还规定党小组长每周直接向校长书面报告党内活动及工作情况。被指定的共产党小组长宣侠父对此表示抗议，专门上书特别党部，把矛头直指蒋介石。蒋气极之余，令宣侠父写悔过书，否则将开除出校。宣侠父不但没写，三天后愤然离开了军校。临走时，给同学留言：“大璞未完总是玉，精钢宁折不为钩。”

闻一多初从湖北农村的大院里住进洋气十足的清华，他在《清华周刊》上发表文章，对学生中的公子少爷，给予极其轻蔑的讽刺：洋楼、电话、电灯、电铃、汽炉、自来水、体育馆、图书馆、售品所“雅座”电影、胡琴、洋笛，中西并叠，象棋、“五百”夜以继日，厨房听差，应接不暇，汽车胶皮，往来如织——你看！好大一间清华旅馆！

1924 年 7 月，鲁迅到西北大学演讲，讲题为《中国小说的历史的变迁》。其间，陕西省长、军阀刘镇华邀请鲁迅为驻扎在西安的陆军下级军官演讲，目的非常明显，想让鲁迅在演讲中对自己大加赞扬一番，以此抬高自己的威信。鲁迅在受邀同时指出：“我可以向士兵做演讲，但是我要讲的题目仍然是小说史，因为我只会讲小说史。”结果，鲁迅为官兵上了一回小说课，刘镇华的如意算盘落空了。

1925 年 1 月，留美的清华校友在美国波士顿聚会。会上，闻一多与好友潘光旦聊天，当时潘光旦在美国学习优生学。闻一多问他：“世界上什么样的民族最优秀？”潘光旦说：“我正在研究世界上受压迫多、境遇困难的民族，如中国人、犹太人，他们是聪明的。”闻一多听后说：“那好了。要是你研究的结果，证明中华民族应当淘汰灭亡，我便只有先用手枪打死你！”

1925 年 3 月，闻一多借用《诗经·邶风》中的故事创作了“七子之歌”，共分七个部分。在诗中，他把澳门、香港、台湾、威海卫、广州湾、九龙、旅顺、大连七个被割让、租借的地方，比作七个离开母亲怀抱的孩子，用拟人的手法代他们倾诉“失养于祖国，受虐于异类”的悲哀之情。原诗如下：

你可知“妈港”不是我真名姓？
我离开你的襁褓太久了，母亲！
但是他们掳去的是我的肉体，

你依然保管着我内心的灵魂。
那三百年来梦寐不忘的生母啊!
请叫儿的乳名,叫我一声“澳门”!
母亲!我要回来,母亲!
…………

1927年4月12日上海屠杀事件发生后,消息传到了苏联,莫斯科孙逸仙学院群情激愤。当时蒋经国和邓小平都在该校学习,在一次全校性的声讨会上,蒋第一个冲上台,振臂用俄语高呼:“打倒蒋介石!”“打倒反革命蒋介石!”蒋经国因此事在莫斯科大大出名。

1927年4月28日,反动政府法官在提到祖宗典规时,绞刑架下的李大钊驳斥道:“你站在绞刑架旁,也配谈祖宗的典规?真是不知天下还有羞耻二字!我告诉你们,不能因为你们今天绞死了我,就绞死了伟大的共产主义!我们已经培养了很多同志,如同红花的种子,撒遍各地!我深信:共产主义在世界、在中国,必然要得到光荣的胜利!”

党的第一代负责人普遍称颂陈延年,他工作极刻苦,顾不上成家,一副工人打扮,吃住都能与人力车夫打成一片。在政治上他有敏锐的洞察力,认为“老头子”陈独秀右倾。1927年6月和翌年2月,陈延年、陈乔年先后在被捕后不屈就义,令其父终生伤感。抗战爆发后,国民党想拉陈独秀出来任职,得到的回答是:“蒋介石杀了我那么多同志,还杀了我两个儿子,我与他不共戴天。现在全国抗战,我不反对他就是了!”

1928年6月,孙殿英丧心病狂地派出工兵盗挖河北遵化的东陵慈禧墓,盗走价值连城的殉葬品。事发后全国震惊,冯玉祥十分气愤,派人把孙殿英叫来,对他说:“殿英老弟,你的革命精神我很佩服!咱们是好朋友,好同志,在反对满清者一点上我干的是活的,把称孤道寡的溥仪从故宫赶走；你干的是死的，掘开了慈禧墓，盗走了金银财宝。你革命比我彻底，我不过是把皇帝逐出宫外，你却把宣统的祖宗扔出坟外。”孙殿英听了这段训斥后，尴尬得不知说什么好。

刘和珍在江西省立第一女子师范学校读书时，其校长金振声是日本留学生，她规定全校学生一律梳日本发型。刘和珍气愤地说：“我们是中国人，为什么要梳日本发型？只有亡国奴才梳日本发型！”于是她把自己的头发剪短，改梳西装头，同学们群起响应，改梳其他发型。面对同学们的抗议，金振声毫无办法，最后改发型之事，只好不了了之。

1931年“九一八”事变后不久，山海关失守。消息传到北京，刘半农愤慨地对朱穆之说：“榆关失守，国民党不抵抗，再这样下去，我就去投共产党！”1933年前后，北京局势动荡，日本帝国主义者得寸进尺，步步进逼；周作人摇尾乞怜，曾在家门口悬挂日本国旗，祈求保护。刘半农看到后，极为气愤，对朱穆之说：“他再这样做，我就和他绝交！”

1931年秋，吉鸿昌率团到美国考察。在纽约，吉鸿昌常被人误认为日本人，吉总是郑重严肃地告诉对方：“我是中国人！”一听是中国人，美国人的眼里充满了不屑和鄙夷。面对洋人的嘲笑和侮辱，吉鸿昌气愤异常，他亲自做了一块纸牌挂在自己的胸前，纸牌上用毛笔写着“我是中国人”五个大字。

1933年3月，陈赓被国民党逮捕。蒋介石知道陈赓是黄埔军校第一期毕业生中的优秀人才，是难得的军事指挥官，因此想留为己用。于是，蒋亲自出马，准备说服陈赓。当初在第二次东征中，陈赓曾冒着危险救过蒋介石的性命。蒋于是把这件事挂在嘴边上，装作“知恩报恩，感激不尽”的样子，笑着对陈赓说：“你是校长的好学生，我很佩服你的才华。虽然你在政治上犯了错误，但看在我们过去的交情上，我还是能原谅你的。”陈赓一眼识破了蒋的用心，冷冷地答道：“谢谢你的好意。不过，我并不需要你这种原谅。”停了片刻，蒋递给陈赓一张纸，皮笑肉不笑地说：“只要是肯写几个字，什么事都好商量……”“写什么字？”“自首……”陈赓猛地一把夺过蒋介石手中的纸，挥笔疾书，一下写满了“打倒蒋介石！打倒卖国贼！”等口号。蒋气得头昏脑涨，连叫道：“你这个态度，你这个态度！……”然后命令把陈赓押下去。

1933年长城抗日战役，国内报纸誉为“最有力最光荣之一战”。战后傅作义将军在大青山下为他所率领的五十九军阵亡将士建立公墓，辟为公园，请胡适撰写了一篇碑文，由钱玄同书写，刻碑竖立于墓前，碑上还镌刻了全部阵亡将士367人的姓名，作为永久性纪念。碑文是白话体，其最后几句铭词为：这里长眠的是三百六十七个中国好男子！他们把他们的生命献给了他们的祖国。我和我们的子孙来这里凭吊敬礼的，要想想我们应该用什么报答他们的血！

汤恩伯治军无法度，尤其在驻扎河南时，更是为所欲为。当时河南流行一句话：“宁愿敌人来烧杀，不愿汤军来驻扎。”又有“河南四荒，水旱蝗汤”，指的是河南除了有水灾、旱灾、蝗灾之外还有汤恩伯的“汤灾”。

1934年11月初，吉鸿昌在天津被捕。法庭上，他大义凛然，历数蒋介石不抗日的罪行，并解开上衣，让审讯者看他身上的累累伤痕——那是在抗日中留下的。11月24日，蒋介石下令，将吉鸿昌“就地枪决”。临刑前，吉鸿昌用树枝在雪地上题写了一首绝命诗：“恨不抗日死，留作今日羞。国破尚如此，我何惜此头！”

1935年，国民党政府与日本缔结了卖国的《何梅协定》，取缔反日运动，胡适从报上看到了这个消息，悲愤交集，又写下了《大青山公墓碑》一诗：雾散云开自有时，暂时埋没不须悲。青山待我重来日，大写青山第二碑。

潘光旦于1935年兼任清华大学教务长，负责全校的教学组织工作。有一次，安徽省主席刘振华来信说想让他的两个儿子到清华去旁听，问潘光旦能不能通融安排一下。潘光旦回信婉言拒绝，信中说："承刘主席看得起，但清华之被人瞧得上眼，全是因为它按规章制度办事。如果把这点给破了，清华不是也不值钱了吗？"

陈赓被蒋介石囚禁，到南京后，陈赓真正受到了特殊"照顾"，几乎真正自由了，整个南京市允许他自由活动（但暗中有人盯梢），衣食住行都有专人侍候……陈赓不由心中升起疑团："蒋介石又要耍什么花招？"答案终于找到了。一天晚上，陈赓正欲入睡，突然房门被推开，进来的是一个妖里妖气的女人，只见那女人以令人肉麻的腔调说："陈先生，你一个人不感到寂寞吗？哎呀！你可真是个美男子，太迷人啦……"陈赓怒不可遏，用力把那女人推了出去。陈赓猛地把门关上，气得说不上话来。半天才骂了一句："卑鄙！"

1935年，日本对中国的侵略不断加剧。有一天，傅斯年对好友罗家伦说："我的太太快要生孩子了。若是生的是一个男孩，我要叫他做仁轨。"罗家伦一时反应不过来，不解地问："为什么？"傅斯年说："你枉费学历史，你忘记了中国第一个能在朝鲜对日本兵打歼灭战的，就是唐朝的刘仁轨吗？"

1935年冬，日军组织重兵"围剿"抗联队伍。在一次战斗中，为掩护部队突围，赵一曼受伤被俘。在监狱里，她受尽了折磨，但从未屈服过。1936年8月2日，日寇将赵一曼绑在一辆马车上押到珠河县枪杀。刑前，日军问赵一曼："还有什么话要说？"赵一曼昂然回答："为抗日斗争而死是光荣的！"

抗战期间，廖承志被国民党特务抓到监狱里，蒋介石很害怕何香凝去重庆找他评理。何香凝拿了飞机票，正待搭机时，有人劝说阻拦她上飞机。后来，蒋介石又要手腕，派人给何香凝送去10万元支票，作为她去重庆的旅费。何香凝一看便知，她在支票背面写两句诗："画幅岁寒图易米，不用人间造孽钱。"原封不动地把支票交来人退回。

陈序经在西南联大时，没有参加过任何政治活动。1941年，国民党政府规定，所有在大学中担任行政职务的负责人，校长、教务长、秘书长、院长，都要加入国民党。当这一命令传达到联大后，陈序经破口大骂："什么东西！我就不入国民党！"

1942年太平洋战争爆发后，香港也陷落了。在香港的梅兰芳下决心不为日寇演出，于香港陷落的那天，愤然留起了胡子。家人为之奇怪，梅说："我留了小胡子，日本凤牟还能强迫我演戏吗？"

抗战胜利后，京剧名伶梅兰芳剃掉胡须，准备重返舞台的消息不胫而走，重庆、北平、上海等地的戏迷无不兴奋至极，奔走相告。导演费穆为祝贺他复出，特地写了一篇抒情散文送给他，文中将京剧比喻为中国画，又将梅兰芳比作傲霜斗雪、艳丽绝代的梅花，其中还说："梅先生息影八年，正如其亲画的梅花，铁骨冰心，表现了艺人的劲节。今日东山再起，实给人无限的喜悦。"

张大千与梅兰芳是朋友，1948年他在离开上海前，曾在某个宴会上与梅兰芳同席。当时梅兰芳谦恭地推他上座时，他突然对梅兰芳说："你是君子，我是小人。"梅兰芳闻言惊讶地问："您怎么自称是小人呢？"张大千笑着说："俗话说得好，君子动口，小人动手。因为我拿笔作画，而你开口唱戏，所以你是君子，我是小人。"

1943年的秋天，徐悲鸿在成都举办了画展。画展结束那天，他和夫人廖静文等乘马车去新都桂湖。到达目的地后，马累得在原地喘着粗气。马车夫看到后有些心疼，就用手去抚摸他的马。徐悲鸿为此举感动了，付过车钱后，也伸手去抚摸那匹马，像对亲密的朋友似的深情地说："谢谢！"接着，又从手提包里取出一幅卷起的《奔马》送给车夫，说："这个给你。"马车夫看了看他，不知所措。廖静文在一旁解释说："这是一张画，是送给你的。"马车夫这才感激地接过画。

余日章作为国民政府的代表，前往华盛顿参加国际会议。这时，中日争端日益激烈，外国人多不明真相，有的问："中国人真的有自治能力吗？"余日章反问："你读过世界历史吗？"回答："读过。"余日章又问："在世界各国中，试问哪一个国家有不受外族支配的民族自治政府，能有像中国这么长历史的？如果有，请告诉我。"

前广西督军陆荣廷回忆："前几天有人说我是绿林出身，应该算是盗阀，我听了颇觉惭愧，觉得他们太过于恭维我了。盗还有阀吗？不错，我曾经做过强盗来，我以为做强盗总得要具备几个条件吧，如打家劫舍，谋财害命，杀人放火，掳人劫赎等等才算是强盗行为。但是我行盗的地方是安南，不是中国。杀的是压迫安南人的法国凤年，谋的是法国凤年的财，不是中国人的，更不是安南人的。我打法国鬼是替安南人打抱不平，是为祖国报仇啊。诸君啊！法国凤年把我们的兄弟之邦夺去，还不应该杀他吗？"

1948年夏季的一天，吴晗找到朱自清兴冲冲地说："我找你签名来了。"朱自清当时患了严重胃病，却无钱治疗。因为那时物价飞涨，他那点儿薪水，仅够买3袋面粉，全家12口人吃都不够，哪有钱去治病呢？他看着吴晗，问道："签什么名啊？"吴晗展开折叠的大纸，只见抬头有一行醒目的大字：抗议美国扶日政策，拒领美援面粉。朱自清只看了一眼，便用颤抖的手拿起笔来。吴晗看见朱自清太贫困了，便凑过来说："这次您……""宁可贫病而死，也不接受这种侮辱性的施舍。"朱自清推开吴晗的手，在宣言上一丝不苟地签上了名字。

廉耻第九

1841年，杨芳以参赞大臣身份赴广州防剿英军。杨见英军炮炮皆准，以为其中定有邪术，便想出一条“以邪破邪”的“妙计”：将马桶、妇女用的秽带载于竹排上抵抗英军进攻，结果自然惨败。时人讽曰：“粪桶尚言施妙计，秽声传遍粤城中。”

1876年，新疆匪首阿古柏自封为王，立国号为哲德沙尔汗，宣布脱离清廷。俄国乘机占据伊犁，英国也虎视眈眈，意图瓜分西北。160万平方公里的新疆，有从大清版图上消失的危险。十年后，李鸿章向慈禧奏道：“新疆乃化外之地，茫茫沙漠，赤地千里，土地瘠薄，人烟稀少……依臣看，新疆不复，与肢体之元气无伤，收回伊犁，更是不如不收回为好。”

池州秀才杨长年为了晋谒两江总督曾国藩，撰《不动心说》呈上，曰：“今置我于粉白绿黛之侧，问：‘动心乎’？曰：‘不动’！今置我于红蓝顶戴之傍，问：‘动心乎？’曰：‘不动’！为了晋见中堂大人，美人官爵，一概置之度外。”曾国藩的幕僚李鸿裔看后在文末批曰：“白粉绿黛侧，红蓝顶戴傍，万般都不动，只要见中堂。”

丁日昌出任江苏巡抚时，曾认真查禁“淫书”，并列出了一长串书目，从《肉蒲团》《灯草和尚》《浓情快史》《绣榻野史》《五更尼姑》，到《三言二拍》《西厢记》《水浒传》《红楼梦》。他认为《红楼梦》里写尽了痴男怨女之情，但是字面上又绝不露一个“淫”字，字里行间却令人心往神驰，这就是所谓“大盗不持干戈”。当苏南战争结束后，刘铭传带亲信将领游览无锡的惠山，当时因躲避战争，在山上出家当尼姑的特别多，刘铭传因此而饱览秀色。丁日昌知道这件事情后，一本正经地对刘铭传说：“省三，你现在已经贵为提督了，还这么不检点，难道不怕世人耻笑么？”刘铭传反唇相讥道：“丁雨生，你什么时候变得这么正经了，想当年你刚到我们军营的时候，到处收罗西洋春宫画册，送给我部下的将校，让大家帮你说好话，保你往上爬，你现在倒忘了。”

潘祖荫数次充任主考，为天子选拔人才。每次阅卷，潘祖荫便在袖筒内放两个鼻烟壶（一红一绿），以手探之：“得红者中，得绿者落。”此事被同任考官的张之万觉察，张之万说他此举是尸位素餐，十分轻妄。潘祖荫从容答道：“没那么严重了。扪心自问，你我入官以后，久不读书，荒疏已极，还真看得出这些卷子的优劣？卷子都是熟谙文法、态度审慎的新翰林初阅，能过得他们那一关，哪一份卷子不是千锤百炼？哪一个考生不可重视？既是人人可中，而限于名额，非得淘汰若干不可，我就只好用红鼻烟壶卜其命运了。富贵在天而已，哪是什么轻妄？”张之万听了以后，哭笑不得。

一次，李鸿章问同乡道员：“什么是抛物线？”这位下属按照数学原理大讲一气，讲到克虏伯大炮的弹道路线走的就是抛物线，李鸿章还是不懂。急得道员反问李鸿章：“中堂大人，您撒不撒尿？撒尿就是抛物线呀。”李鸿章不禁哑然失笑，周围幕僚更是哄堂大笑。等大家笑完，李鸿章感慨地说了句：“这就是庄子所谓‘道在屎尿’了。”

王文韶久在枢府为官，生性顽固。光绪末年，日斯巴尼亚遣使来华，要求缔结条约。外务部按惯例呈报军机处。王文韶看后，怒曰：“日本凤牟又来胡闹！”某章京对其说：“日斯巴尼亚者，乃欧洲之西班牙国，非亚洲之日本国也。”文韶正色道：“安知彼非因作无厌之求，恐我不许，变称他名蒙混？诚如君言，则西班牙何以又称日斯巴尼亚？彼既可一国两名，日本又胡为不可？”

1895年，四川盐茶道玉铭拜见皇上，光绪帝问：“曾在哪个衙门当过差？”玉铭回答说：“奴才在某某号。”光绪从没听说过这样的衙署，于是问是个什么样的机构。玉铭答：“某某号是一家大型木厂，奴才在那里管事。”光绪笑着说：“原来是个木厂掌柜。木厂的生意非常好，你为什么还弃之做官？”玉铭说：“因为听说四川盐茶道的利益比木厂多出很多。”光绪听后怒不可遏，隐忍继续发问：“能说满语吗？会写汉字吗？”玉铭回答不会说满语，继而嗫嚅说能写汉字。光绪遂把纸笔扔到地上，让太监引玉铭到乾清宫台阶上书写。良久，交上来的纸上只写了奴才某旗人几个字，字写得斗大，名字也写错了。光绪大怒，下令撤职让其候选，改授张元普任四川盐茶道。

载振、那桐等商务官员在东京参观造币局时，要在来宾录上签名。他们在两页写下了五行字：首行是“某月、某日”；次行是“大清国为某事前来”；接下来是贝子戴（载）振、尚书衔户部侍郎那桐，其间那桐写丢了的字注解在旁边。最后一行是“随行二十二人”。之后在大阪参观水源局的来宾录上仍是这样写，只是第四行写丢了字没有补上。堂堂贝子，将“载”写成“戴”，户部侍郎则写不全自己的官衔。

1896年3月，钦差大臣李鸿章赴俄国庆贺沙皇尼古拉二世加冕。俄国皇后出于礼貌，向李伸出手。李鸿章不知吻手礼，以为是皇后向他索要礼品，急忙将慈禧太后送给他的一枚钻戒放在皇后手上。皇后将戒指戴上之后，说了声“谢谢”，再次将手伸过来。李认为皇后太贪心，而此时他又无礼可送，只好尴尬地站在原地。

清末，一胸无点墨的捐职县令将要主持县试，问幕友说：“作文何者为佳，何者为不佳？”幕友答道：“文字第一须看用笔，用笔好则为佳文，否则为不佳。”县令听后对前来应考的童生教训道：“你们作文字须讲究用笔，用笔好方为佳文。”不少童生对这位胸无点墨的县令能说此话很是诧异，唯唯称是。县令又说道：“我年轻时作文，最讲究用笔，每支笔非三四元不可。”众人听后，哄堂大笑。

光绪年间广东大学堂开学时，旗人官员德寿提出算学、体操、地理三门课可删，理由极其荒唐：“算学可删，因做官的自有账房先生料理财务；体操可删，因我辈是文人，不必练那个；地理一科是风水先生之言，何必叫读书人去做风水先生呢？”

贝勒载涛酷爱戏剧，经常排演《盗御马》《金钱豹》等剧目。在府中串戏如遇人手不足，家人、奴婢都会被安排上阵。一年四季，乐此不疲。老福晋患病时，载涛胞兄载沣入内探视，载涛听说后，急奔入内，牵着兄弟的袖子说：“黄鹤楼排演缺一角色，二哥演周公瑾可以吗？”载沣回绝。老福晋见状拍案怒曰：“我病如此，尔犹酣歌恒舞取乐耶？真是全无心肝。”载涛于是垂头丧气而出。

宣统年间，河南某地有农民揭竿而起，被官兵捉到了，押上大堂审问。“你为什么要造反？”“我想当皇帝！”“当了皇帝以后呢？”“一觉能睡到太阳晒屁股，起来一口气再吃五六个大红薯。”

晚清宣统二年，无锡翰林邢某退朝回乡大造宅地。母亲死了不久，他又与城中富商之女联姻。照理，母丧期间，应守孝，就是过了五七，也不宜铺张，办喜事，更要首满一年。但邢某在母亲死后一个月，就选定日子大办喜事，他在全城有名的饭馆都办了筵席，所有贺客，不论远近疏亲都可进去大吃大喝。当时有人十分形象地讽刺他：“大吹大擂大宴会，邀亲邀眷邀宾朋，大红帖子飞满城，静素孝堂张华灯，阿母棺材漆初湿，新郎洞房梦何酣。”

康有为曾说："古今大文章只有二十余篇，以李斯《谏逐客书》为第一，贾谊《过秦论》第二，其次则司马相如、刘向、刘歆、谷永、杨雄、匡衡诸家敦厚典雅，皆含经义。"而其讲文往往出乎本题之外，如讲韩文公《马说》，首言："吾读《马说》则生无限感慨。昔戊戌变法，劝德宗辟新疆全省为牧马场，养马八百万匹，为扩充骑兵之用。日本岛国不足虑。若驰驱欧亚，称霸天下，舍骑兵莫属。蒙古入欧，全凭马力。余愿辅德宗为成吉思汗也。"

清末民初，吴虞提出"打倒孔家店"口号而名动一时。吴虞在日本时，写信给四川的老家，从吃饭、用钱、读书，都有一套规矩，他根据每人每日自用半斤肉、家人除牙祭外不吃肉为例，从日本对家中吃肉分配做了遥控。他规定说："今我既不在家，则香祖（吴妻）日用半斤，余人或牙祭日与肉稍丰，平时则诸人每日共肉四两足矣，不能过此数也。"又加注说，"若半斤肉已足，则四两肉之钱可以归入牙祭内，而牙祭可节省也。"

袁世凯称帝之前，有人称他的长子袁克定为曹丕，他的次子袁克文因一向诗酒风流，温文儒雅，被称为曹植。一次兄弟两个吵架，袁克文对他大哥说："你要做曹丕，竟不许我做曹植？"后来袁世凯知道了此事，大骂兄弟二人，说："你们竟自比曹丕兄弟，怪不得外面有人骂我是曹操，真岂有此理！"

1914年初，四川城口县知事陆某上了一个条陈，请将大总统任期改为终身制。袁世凯为此大发雷霆之怒，正拟发布命令拿办这个满口胡说的县官，以示自己不争权力，旁边一个谋士提醒他说："这样一来，岂不会使真心爱戴大总统的人灰心气短！"袁世凯马上欣喜地把这个条陈登在政府公报上，并令各省文武长官对此发表意见，而首先对条陈大加赞美的就是袁世凯的亲信倪嗣冲。

袁世凯接受参议院的"劝进"称帝，并厚颜无耻地说："天下兴亡匹夫有责，予之爱国，讵在人后？"

袁世凯早有称帝之心，但却极力为自己掩饰。1915年6月22日，袁世凯的心腹爱将冯国璋问及袁的帝制计划时，袁说：“我绝无皇帝思想，袁家没有过60岁的人。我今年58，就做皇帝能有几年？况且皇帝传子。我的大儿子克定残废，二儿子克文假名士，三儿子克良土匪。哪一个能继承大业？你尽管放心。”

袁世凯妻妾成群，却经常打女演员的主意。刘喜奎姿容秀美，扮相极佳。袁世凯为了能接近她，大办宴席，请她去宫中内宅吃饭。对于袁世凯的“好心”与“盛情”，刘喜奎断然加以拒绝。有一次，刘喜奎正在化妆，袁世凯的听差跑来告诉她，“有人请”，非请刘喜奎走一趟不可。刘喜奎跟着这位听差来到一间铺设极为豪华的房子里，心中的猜疑，这时已经证实。她转过身来，厉声问道：“是谁找我，有什么事，站出来讲！”这时，从帘幕中钻出来一个清朝遗老模样的人，慌慌张张地说：“没事，没事，只想找你聊聊天，聊聊天。没事，没事。”刘喜奎轻蔑地冷笑一声，挪腿便走。帘幕后露出袁世凯光亮的头：“这女人可真不好惹！”

张勋在徐州时，假借两江父老的名义，为自己营造了一座生祠。目的是活着时让人歌功颂德，死后让人供奉祭祀。他自己为祠堂书写了一副祠联，表明其心迹：我不知何者树德，何者立威，只缘余孽未清，奋戟重来，稍尽军人本职；古亦有生而铸金，生而刻石，自揣美名难副，登室强罪，多惭父老深情。他至死不悟。

塘沽协定后，黄郛以华北政务委员会的名义在怀仁堂设宴招待社会各界的头号人物，席间黄郛得意之余，大谈秦桧，说：“人们都说秦桧不好，其实如果没有秦桧的议和，南宋就不一定还有一百六十年的天下。”

陶希圣为人圆滑事故，并善于察言观色。人们评价他“见汪主和，见冯言战，见蒋委员长和战皆好。遇国骂共，遇共骂国，遇法西斯国共都骂”。

1930年冬，中原大战结束，蒋介石任命刘峙为开封绥靖主任兼河南省主席。蒋鼎文、顾祝同为他设宴饯行。宴后，玩起了牌九，刘将刚领到的第一军一个月的军饷输个精光。他慌忙躲藏了起来不去就职。蒋介石找到他，问：“你这么久不去就职，是不愿干吗？”刘回答：“不是。”蒋又问：“你生病了吗？”刘又答：“不是。”蒋逼他说出原委，他只得吞吞吐吐地说：“赌输了。”蒋问：“输了多少？”刘哭丧着脸说：“把第一军一个月军饷四十多万都输光了。”蒋问：“和谁赌？”刘说：“和铭三、墨三他们。”蒋又问：“输的是账据还是现款？”若是账据，蒋还可以利用领袖身份替他赖掉。刘说：“都是现款。”蒋斥责道：“输了钱，想躲起来，不来见我，把大事都耽误了，你真该死！”顿了一顿，蒋又说：“这笔军饷，我现在替你承担一半，另外再借给你一半，你给我马上到开封去就职。”刘峙即疯狂搜刮钱财，弄得民不聊生。

1932年夏，刘湘在重庆召集二十一军管区教育会议，在会议上他致辞：“我统一四海后，先要发展土产，如荣昌烧酒房的泥金茶壶，隆昌的白猪儿；须不依靠科学亦能致富，闭关亦能自守。”时为重庆大学理学院长的何鲁，听后起立发言说：“国家富强必须依靠科学。如不依靠科学，请问督办今天为何要穿西装呢？”此话一出，噎得刘湘顿时面红耳赤，随即退席。

1934年，由熊式辉和杨永泰提议，蒋介石在南昌发起以“恢复中国固有道德”求得“民族复兴”的“新生活运动”，宣扬“礼义廉耻，国之四维，四维不张，国乃灭亡”，以及“忠孝仁爱信义和平”。时人有嘲讽此事者，撰对联为：上联：一二三四五六七（意“忘八”）；下联：忠孝仁爱礼义廉（意“无耻”）。

陈公博为汉奸卖国的行为辩护说：“我认为抗战应该，而和平是不得已。平心静气去想想，当日汪先生来京之时，沦陷地方至十数省，对于人民只有抢救，实无国可卖。在南京数年为保存国家人民的元气，无日不焦头烂额，忍辱挨骂，对于个人只有苦熬，更无荣可求。到了今日，我们应该念念汪先生创立民国的功勋，念念他的历史和人格。”真是无耻到了极点。

民国期间，曹锟唆使张绍曾以全体内阁辞职、军人索薪等手段驱逐黎元洪，黎元洪逃往天津时，将总统大印秘藏。时有黎元洪亲自提名任命的直隶省长王承斌率军警拦截火车索要总统印信。黎元洪问：“我不把印信交出来，你敢把我怎么样？”王承斌回答道：“既是如此，就委屈总统在车上仔细想想。”

曹锟当上了总统后，时常对手下人大发牢骚说：“你们一定要捧我上台，叫我来活受罪！”手下人都暗笑他是“自己拼着老命要来活受罪”。北洋派元老王士珍因此说：“如果要害人，最好是请他当总统。”

黎元洪与段祺瑞两人争权夺利，但黎元洪明显处于下风，总统受总理牵制，甚为不满，曾说：“昔受项城屈辱，今又见侮于段。总统是婆婆，不是小媳妇。婆婆可少管事，但不耐媳妇命令一切。”而段祺瑞却根本不把黎元洪放在眼里。此时兼任黎府秘书的韩玉辰，经常与黎元洪的亲信谈论府院关系，孙武、哈汉章常拍案骂段祺瑞，韩玉辰说：“曹操不是骂得死的。”

民国初，北大人才济济，名教授有二马三沈之号：二马指马裕藻及弟马衡，三沈指吴兴沈氏三兄弟士远、尹默、兼士。沈士远在北大预科讲授“中国国学概况”，其第一篇是《庄子·天下篇》，因兼总务科长，经常请假，一年未能讲完这一篇，年年如此，故学生戏称为“沈天下”。

1935 年，杜重远的新生周刊因刊登一篇涉及对日本天皇不敬的文章，引起了日本对国民政府的外交施压，国民政府接受了日本总领事的要求，宣布由上海法院审判杜重远。时任法院院长的吴铁城怕杜重远不出庭，事先向杜重远拍胸脯说：“只要你出庭，一切都易解决，万事有我负责；不然的话，引起日军干涉，问题更严重。”于是，杜重远出庭受审，随即被政府扣押。这时吴铁城又转口对杜重远说：“你在外面有危险，在这里（指监狱）既自由又安全。”

1940年12月30日，孔祥熙在范庄召开一次训话会。谈到货币问题时，他告诉大家，他才从蒋介石那里来。他说：“刚才委员长说：‘沦陷地方多，税收短少，战费大增，财政上要多想办法。’我答复他，‘不怕物价飞腾，我只在票币上加个圈圈，10元就变成100元，不过花点印刷费而已。我保证中国决不会像美国的绿背纸币和德国的马克那样糟糕’。至于多开财源，我就交给你们去想办法，只要提得好，无不重赏。”关于“我只在票币上加个圈圈”的说法，后来不仅成为笑谈资料，而且成为个别人要挟他的把柄。

在重庆某次招待会上有记者问孔祥熙：“知识分子面有菜色，日子有过不下去之虞。请问部长红光满面，滋润非常，有何养生秘诀？”孔祥熙语塞，良久方答非所问道：“重庆物价便宜得很嘛，每周生活费，只须寥寥几元钱嘛。”于是在座众人无不大哗，骂声四起。

蔡继伦将军，湖北人，1940年，任宜昌警备司令，在修建国防工程时照例贪污，传说后因分赃不均，被会计拿了一大堆假图章和假单据告状。蔡在军事法庭上大吼：“江阴的国防工事用了几千万元，做的工事一攻就破。马当的国防工事也用了几千万元，只沉了几只未花钱的船，根本没做什么工事。我还做了不少工事，并且经过上级验收，怎么说我贪污呢？会计是独立的，我的会计是军政部会计长派的，假账是会计干的，我不能替他负责！”军事法庭于1940年5月下达判决书，蔡继伦免官、枪毙。

1941年重庆大窒息案发生，重庆卫戍总司令兼防空司令刘峙、重庆市长吴国桢、宪兵司令贺国光同往现场视察后向蒋汇报。蒋问究竟死了多少人？刘、贺无以置答，吴随口说共死了一万几千几百几十几人，蒋点首满意。出来后，刘、贺同声问吴："你怎么知道这个数字？"吴答："他喜欢具体数字，横直无从查考。"刘、贺同声说："你真会做官。"

1944年春，汤恩伯兵败河南，蒋介石命陈诚前往究办。汤恩伯把战败的原因全部归咎于战区司令长官蒋鼎文，并痛陈他指挥不当，对陈诚谄媚地说："若在长官您的领导下，我就不会这样失败。不幸碰到蒋鼎文无能，让我吃亏。现在您来指挥铁定没问题。"陈诚的老战友樊崧甫听闻此事，告诉陈诚说："汤恩伯的这些话也在蒋鼎文的面前讲过。当时他说：'我划归第五战区李宗仁，吃尽苦头，如今在老长官指挥下，作战就会顺利了。'"

1941年，在日本的推动下，"蒙疆政府"派李守信偕同总务部长关口保（日本人）赴青岛与南京汪精卫政府代表周佛海签订"蒙宁协议书"。德王对汪精卫居于他之上统辖"蒙疆"表示不满。他说："今天日本人忘了他们许下的帮助蒙古建国的诺言，反而叫我当汪精卫的儿子，我可以做日本的儿子，但不能做它儿子的儿子。"

蒋介石与宋美龄结婚前，请求陈洁如暂时离开中国5年，待北伐成功，统一中国之后即刻接她回来。蒋介石为使陈洁如同意，当着她的面在佛前立誓："我发誓，自今后5年起，必恢复与洁如的婚姻关系。如若违反，祈求我佛将我殛毙，将我的南京政府打得粉碎。如果我不对她履行我的责任，祈求我佛推翻我的政府，将我放逐于中国之外，永不回来。"

陈公博先是追求共产主义，在中共建党第一次代表大会12个代表中间就有他一个。会还没开完，他就闻警开溜了，后从美国留学回来混进国民革命的队伍。他是酗酒、妇人少不了，泡歌女、捧戏子、养情妇，风流韵事数不胜数。曾写过一首夫子自道的诗：“天下荒唐第一，古今才智无双，燕赵吴越孤心赏，任凭他人短长。”

马寅初在大庭广众下质问孔祥熙经济问题，孔无言以对，结结巴巴地说：“我是孔老二的后代，我不会贪污！”

抗战时期，重庆物价飞涨，老百姓的日子不好过。于是国民党成立了粮食部，由徐堪任部长。他提倡节约用粮，要老百姓吃他发明的“营养米”“营养面粉”“营养饼干”。所谓“营养米”就是多留秕糠的糙米，“营养面粉”是多留麸皮粗粉，“营养饼干”是粗粉掺和玉米粉而制成的粗饼干。一天，徐堪在川东师范内的粮食部宴请各报社记者吃“营养饭”。席上，鸡鸭鱼肉纷陈，到吃“营养饭”时，徐堪做了示范，在饭碗里浇上许多东坡肉浓汁，随即介绍说：“饭内加了些肉汁，喝点鸡汤，好吃得很！”一口四川话，说得眉飞色舞。大家听了，心领神会，暗笑不语。唯有《大公报》知名的女记者彭子冈按捺不住，开口问道：“徐部长，你提倡的营养饭，原来是这样的吃法，难怪营养得很！”她的话刚说完，在场的人听了哈哈大笑，弄得徐堪一脸尴尬相。

日本投降后，伪国民政府第一号汉奸陈公博被关押在军统局看守所。由于身份特殊，让他一人独居一室。看守所规定，犯人放风时间为倒马桶时间。因此，每日放风，厕所里挤满了汉奸。陈公博关进看守所后，一连几天没去倒马桶，他着急地找看守所长，向他说出了原因：“厕所里的人太多，他们都认识我，总想到不太方便。”原来是他认为与昔日的部下一起倒马桶有失身份，所以要求单独去倒，免得其他汉奸笑话。所长答应了陈公博的请求，此后，陈公博总是在放风完毕单独去倒马桶，每次都是来去匆匆，并且专拣死角走，如小偷一般。

1947年初，在西安的胡宗南听人说，近日在古都洛阳掘到一块古碑，碑上刻有“一轮古月照中华”七个大字。胡的幕僚对他阿谀地说："'古月'者，'胡'也。这将应验天将降大任于将军身上，是为复兴中华，重振西北之吉兆也。"胡宗南大喜，忘乎所以，遂下令将西安南面著名的终南山改名为"宗南山"，又把王曲镇附近的青龙山改名为"兴隆岭"，以应两地合在一起就是"宗南兴隆"。

诙谐第十

林则徐作为钦差大臣到广州禁烟，西方各国领事特备西餐宴请林则徐。林吃冰淇淋时，见冒着气，以为很烫，故用嘴吹了吹才放进口中，遭洋人耻笑。事后，林盛宴回请。凉菜过后，上来一道芋泥，其色灰暗，且无热气，看似凉菜，实则极烫。众领事一见佳肴，纷纷下匙，舀起来就吃，满嘴黏糊，烫得直翻白眼。

曾国藩的天赋不高，读书做事却极为用功。小时候，他在家读书，一篇文章重复了多遍仍没有背下来。恰一窃贼潜入房中，等其睡觉后行窃。久等不睡，大怒，跳出来说："你这种水平还读什么书？"然后将那文章背诵一遍，扬长而去。

咸丰四年，曾国藩生平第一次指挥战役，便在靖港被太平军打得落花流水，他愤而投水自杀，被幕僚救起。出水后，曾国藩余恨未消，口口声声要再死一次，幕僚们只好轮班看护，并给他的好友左宗棠报信。左宗棠闻信，特地从长沙赶来，只见曾国藩呆坐在房中，身上还穿着投河那天的湿衣裤，不言不语，污泥满身，气息奄然。见此情状，左宗棠不由哈哈大笑，说了一句："好像猪子。"调侃过后，左宗棠好说歹说，才挽回了曾国藩的必死之心。

李鸿章续娶夫人，其身边的四个婢女也很漂亮，李鸿章很是垂涎，夫人知道他的心思，时常防着他。一天清晨，李鸿章偷摸进了婢女的房间，夫人知道后，便锁了房门。到了中午幕僚们见李鸿章还没有出来视事，很是奇怪，派人去打探。派去的人见到这情形后，赶紧为李鸿章求情。过了好久，夫人才丢出钥匙说："暂时保全他的颜面。"于是这才打开了门。门一开，就见李鸿章用花衣包着头，匆忙跑到花厅外，惊魂方定。

张之洞担任江南总督时，朝令夕改，政局为之一变，因此引来众人议论。一天，大家在讨论这件事情的时候，有个人说："你们都不用说了，在我看来，张公就是一部习气大全。"众人问如何解释，此人说："世界上有书生习气，名士习气，纨绔习气，官场习气，滑头习气，和现在的新界习气，张公都占据了，这还不是习气大全吗？"

清末洋务派首领张之洞出任两江总督时，一次微服和同窗好友一起去参加松江知府的寿宴。入席后，张之洞毫不客气地坐在首席，众宾客大惊，知府更是恼火，他指着桌上一道菜，出了一联："鲈鱼四鳃，独占松江一府。"自诩"鲈鱼"，暗示他是松江土皇帝。张之洞闻言，一边笑着一边指着桌上另一道菜说："螃蟹八足，横行天下九州。"知府闻言大惊，忙打听此人是谁，原来是两江总督，急忙赔罪，恭请上座。

曾任翰林院编修的蔡元培字写得很潦草。有一次，和他聊天的钱玄同提到清朝老翰林时，问蔡元培："参加科举的人，都要字写得好才有希望考上，你的字写不好，怎么能考上呢？"蔡元培闻言，道："可能是我考的那年，正流行黄庭坚（黄庭坚擅长写行书与草书）的字体吧！"

袁世凯称帝后，各地反袁浪潮一波接着一波，一向见风使舵的陆荣廷见这棵大树要倒，也开始了反袁推翻帝制的计划。陆与沈鸿英、谭浩明、莫荣新、韦昌荣等人在宁武庄誓师反袁，当他们布置好香案，正向观音菩萨宣誓时，正巧陆的儿媳妇因找寻东西，闯了进来。陆当即一怒，大声斥道：“你进来干什么？祸水！快滚出去，滚出去。”而后对诸位部下说：“这次不算，重来，重来。”随即又重新宣誓。广东军阀陈济棠同样很迷信，据说1935年，他誓师反蒋，北上抗日的时候，他曾叫人造了一个贴有“蒋介石”画幅的小人偶，自己拿着一把木剑，对着那人偶戳戳，以为这次反蒋必胜，令人啼笑皆非。

1914年，“辫帅”张勋发动了12天的复辟闹剧，官民都要恢复清朝礼仪，一时间辫子风又在北京城内兴了起来，假辫子变得非常畅销。末代皇帝溥仪回忆说：“在那些日子里，紫禁城里袍袍褂褂翎翎顶顶。人们脑后都拖着一条辫子。”当时的民谣说：“不剃辫子没法混，剃了辫子怕张勋。”“宣统回了朝，秃头要开瓢。宣统跑了，秃头好了。”

国民政府主席林森喜欢古玩，有时自己也选购一些收藏。一次有位朋友对他说：“你买的那些古玩，有不少是假的吧！”他微笑着答道：“反正再过几百年，就会变成真的古董了。”

胡适所著的《中国哲学史大纲》，是最早使用新式标点符号的书籍。书出版后，胡适特地送一本给章太炎，并在封面里写“太炎先生指谬”，署名“胡适敬赠”。其中太炎和胡适名字的右边都加了条黑线，表示是人名。然而，章太炎不懂新式标点符号的应用，所以看到自己名字旁的黑线，即抱怨道：“何物胡适！敢在我名字上胡抹乱画！”既而看到胡适的名字旁边也有线，这才笑道：“他名字边也有线，就彼此抵消了。”

丁惟汾毕生不做官。1925年北伐成功后，袁世凯请丁惟汾出任山东省政府主席，他拒绝的理由是不能破坏中国传统的政治规矩：“鲁人不治鲁，湘人不治湘。”没过多久，蒋介石又请他担任交通部长，他也拒绝了，他说：“我不论跟什么人都懒得交通，还当什么交通部长呢！”

刘师培是一个畏妻如虎的人，其妻何震是一个极端的女权主义者。某天夜里，刘师培慌慌张张地冲进张继家中，喘息不已，接着，外头传来一阵急促的敲门声。只见刘师培脸色惨白，哆嗦着说：“必是我太太来了，怎么办？我非躲起来不可！”说完即冲进卧房，钻入床下。张继开门后，发现是他的一位朋友，就走进卧房请刘师培出来。刘师培以为张继在骗他，无论如何都不肯从床底下钻出，张继最后无奈，只好将他硬拖了出来。

林纾在北大任教时，有一门课被排在下午两三点。一日，林纾又看到学生们昏昏欲睡，便把课本一合，说道：“下面我为大家讲个故事。”学生一听，精神为之一振，林纾接着说，“有一个风流和尚，一次经过一座桥，看见一位美女姗姗而来。”学生们此时已集中精神听他讲故事，但林纾此刻却不讲了。学生们请他继续讲那和尚和那美女后来怎样，他幽默地说：“没什么，一个向西，一个向东，走了。”此刻学生们也睡意全无了。

于右任擅长书法，经常有人向他讨要墨宝。一次他应邀参加聚会，酒足饭饱后，主人拿出纸笔请他题字，当时他迷迷糊糊，趁着酒劲写下“不可随处小便”六个字，然后扬长而去。第二天，主人登门拜访，并将这幅墨宝拿去请教。于右任见状，知道是自己酒后失态，赶紧向对方道歉，然后取来剪刀，将字剪下来重新排列，并笑着说：“你瞧，这不是很好的座右铭吗？”主人定睛一看，发现“不可随处小便”已经改为“小处不可随便”，顿时拜谢而去。

于右任是陕西人，好吃面食。一次朋友请他吃面，事前他再三叮嘱厨师，要拿出手艺，做得好一点。开饭时，厨房给端上来的面条是细如蚕丝的汤面，于右任边吃边说：“好吃！好吃！”说着又问：“有没有粗一点的面？”于是厨房给端上如灯草般的面，于右任吃了一口又说：“好！好！”但还是问：“有没有再粗一点的？”厨房又端上如韭菜叶般的面，但于右任仍问：“还能不能再粗一点？”最后厨师给做了如筷子般粗的面，于右任见状大喜，一次吃了两大碗。事后，厨师生气地说："这谈什么手艺啊，简直是乡巴佬吃的嘛！"

于右任特有的标志是他胸前的飘飘长髯，他每晚睡觉时，都用一个布套把胡子装好挂于胸前。一次，有位朋友问他："你睡觉时，胡子是放在被子里还是被子外？"于右任思索半晌，竟回答不出来。第二天他对朋友表示自己昨晚没睡好。朋友询问原因，他回答道："还不是你的一提，竟不知应将胡子放在被子里还是被子外，总觉得放哪都不对劲，以致整夜辗转不能入睡。"

著名法学家王宠惠有一次在欧洲参加一个宴会，一位贵妇问他："听说你们中国人结婚，都凭媒人撮合，彼此先不认识。这怎么做夫妻呢？应该像我们这样，经恋爱而结合，才会幸福美满。"王宠惠微笑地回答道："我们的婚姻，像一壶冷水放在火炉上，由冷而渐热，以至于沸腾。夫妻间初时冷淡，但相处日久，情就浓了，所以少见离婚。你们刚好相反，结婚时就像一壶滚热的水，婚后就慢慢冷却了，你们的离婚案之所以这么多，恐怕问题正在这里。"

杨森因为子女众多，自己又常年在外征战，因此他对自己的孩子有时也搞不清。有一次他与参谋长从前方返回重庆，他的儿女兴高采烈地前去迎接。杨森一下飞机，看到自己孩子们如此热情，笑着对他们说："你们先回去吧，我稍晚回家。"儿女们闻言，纷纷离开机场。只有一个小男孩却没有离开，杨森见状很生气，上前赏他一巴掌，同时骂道："小畜生，还不回去！"那小男孩竟哭了起来，此时站在旁边的参谋长赶紧立正敬礼说："报告总司令，他是我的小儿。"

外交家叶公超1935年在北京大学外文系教翻译。一次他让学生翻译李白的《怨情》："美人卷珠帘，深坐颦蛾眉。但见泪痕湿，不知心恨谁。"一位学生站起来问："您叫我们翻译这首诗，不管作者李白李不白，他并没有交代清楚美人心中到底恨的是谁，这叫我们怎么翻译啊?”叶公超闻言眯起眼睛,慢条斯理地回答说:“我哪知道她恨谁。要是知道她恨谁,我也不会叫你们翻译了。”同学们闻言无不哈哈大笑。

“幽默大师”林语堂在东吴大学法学院教授英文时,第一天上课手里提着一个皮包走进教室,学生们以为里面是课本,等他打开才发现,里面全是带壳花生。林语堂一边分发花生一边用流利的英语大谈吃花生之道。他说:“吃花生要吃带壳的,因为一切味道与风趣,全在剥壳。壳剥得愈有劲,里头的花生米就愈有味道。”语毕,他环顾一下在座的学生,继续说道:“花生米又叫长生果,诸君第一天来上课,请吃我的长生果,祝诸君长生不老!以后我上课不点名,愿诸君吃了长生果,更有长性子,不要逃学,则幸甚幸甚!”学生们听了无不哈哈大笑。此后每逢林语堂讲课,总是座无虚席。

刘半农的情诗《教我如何不想她》诗句情深意浓,有一个年轻人极想一睹作诗人的风采。一日,刘半农去赵元任家里喝茶,碰巧那位年轻人也在,于是赵元任就替那年轻人引见,说:“这就是《教我如何不想她》的你想见的那个‘他’。”年轻人见状,竟脱口说道:“原来是这样一个老头儿呀!”使得满屋子里的人大笑不已。后来,刘半农特别为此事写了首打油诗:教我如何不想她?请进门来喝杯茶。原来如此一老叟,教我如何再想他?

1929年叛冯(冯玉祥)投蒋(蒋介石)的韩复榘被任命为山东省主席,一次他到一学校视察,正碰到学生们在进行篮球比赛。由于他没见过这项运动,便很有兴致地坐在场边观看。看一会后,他对场上十个人抢一个球感到不解,便大声地问:“你们是不是缺球呢?”一边的球队队长连忙说:“报告主席,我们不缺球。”韩复榘于是吩咐道:“既然不缺球,就多拿些出来,给每位球员发一个,免得大家抢来抢去的。”

上海知名记者严独鹤,一次去探访一位写白话诗的朋友,刚好那位朋友外出，严独鹤便在书房里等他的朋友。不一会儿，他看见书桌上有一首未完成的白话诗，题为《咏石榴花》，其中一段为：越开越红的石榴花，红得不能再红了。严独鹤觉得好笑，便提笔接写了下两句：越作越白的白话诗，白得不能再白了。

顾维钧担任驻美大使时，有一次搭乘火车旅行，在卧铺车厢中有个黑人专替旅客擦皮鞋，顾维钧于是在晚间将皮鞋交给擦鞋的。第二天早上起来，他开门穿鞋，发现皮鞋两只都是左脚。他赶紧把那擦鞋的人找来问，没想到对方竟叹息地说："今天发生太多奇怪的事了！刚刚还有一位客人的皮鞋，两只居然都是右脚，实在太不可思议了！"

梁思成在北大开了建筑学课程，最后一讲是杂项，即桥梁、亭台、园林等。讲完后，梁思成说："诸位，咱们这课是讲完了，是不是应该考考？你们说咱们怎么个考法。"等了半天，见没人言语，就说："诸位，有选我这课的请举手。"结果，没一个人举手。梁先生一笑，说："噢，原来都是旁听的。"说完一抱拳，"那我谢谢诸位捧场了。"

杨森主政四川时，苛捐杂税繁重，就连农民进城挑粪也要抽税。诙谐大师刘师亮特作一联讽刺道：自古未闻粪有税，而今只有屁无捐。横批：民国万税（岁）。

潘光旦因缺了一条腿，走路只能撑着两根木拐杖。他的朋友徐志摩曾戏言"胡圣潘仙"。"胡圣"是指胡适；"潘仙"即指潘光旦，说他是名列八仙之一的李铁拐。他在西南联大当教授时，经常发表演讲，言语幽默风趣，很受学生好评。有一次演讲时，他谈到孔子，说："对于孔老夫子，我是佩服得五体投地的。"说着，他朝自己身上看了一眼，又说："讲错了，应该是四体投地。"让在场的学生们无不哈哈大笑。

伍廷芳是著名的外交官，历任驻美国、秘鲁、墨西哥、古巴等国的公使。伍廷芳的口才极佳，一次，在出使美国时，有个美国贵妇人听了他的滑稽妙论，心花怒放，跑上前来与他握手，并说：“我真是十分佩服。我决定把我的爱犬改名为‘伍廷芳’以志纪念。”伍廷芳回答：“很好，很好。那么，您以后可以天天抱着伍廷芳接吻了。”

伍廷芳的儿子伍朝枢，也是一个外交人才。那一年，他偕夫人一起到四川，正好碰上四川的二十九军、二十一军和二十四军剑拔弩张。伍朝枢被邀至成都春熙大舞台公开演讲，他对三支军队的作为十分不满，最后便说：“请各位原谅我，我是客，不能出任外交部驻四川办事处处长。”

一天，有个家伙向余铭敲竹杠，手持一份刊登不利他的消息的小报，说如果疏通疏通，这条消息就可以不再出现。余铭笑道：“我是美国檀香山华侨的土生子，中国文字不大懂得，中文报纸一概不看。有骂我的或赞我的，我统统不理。”企图勒索的人，无计可施，怏怏而退。

王大祯曾任驻日本大使馆参事，有多年的外交经验。有人请教外交经验，他说：“一个好的外交家，必须具备五个条件，缺一不可。第一是脑舌并存，第二是情痴，第三是老寡妇，第四是老道僧人，第五是贪官污吏。做得到这五点，才能是一个成功的外交家。”听的人很惊异。王大祯又解释说：“第一是脑舌并存。中国从前的外交家，有脑无舌，与外国人交涉，需翻译代舌，诸多不便。现在的外交家，则多是有舌无脑，虽然满口洋话，流利无比，但常忘记自己是中国的外交官。如果能脑舌并存，就不会如此。第二是情痴。外交家对自己的祖国要永远热爱。即使国家待我不厚，甚至不为国家所体谅，也要一往情深。没有痴爱，不可为外交家。第三是老寡妇。老寡妇守业，是很吝啬的，外交家对国家领土主权，也要如此，决不可如公子少爷，摆架子，充大方，把祖上财产抛尽。第四是老道僧人。外交家应有老道僧人式的修养，一切利禄美女，不能动心，因为驻使国外，遇到此种机会很多，只有具备如此修养，才能不被人收买。第五是贪官污吏。外交家对于知识情报，必须像贪官污吏般贪得无厌，这样才能获得知己知彼的功效。”

曾任中国驻菲律宾领事的桂植，是个老名士，风流倜傥。他卸任后回到广东，曾应岭南大学的邀请，到校演讲。他刚上讲台，学生看他长袍马褂，古色古香，都不加注意。桂植感觉到了这一点，一开口便是惊人之语：“我是一只老夜壶了，可是这只老夜壶也曾经用花露水洒过的。”意思是说，我虽然是旧学出身，却也受过新文化洗礼。学生大笑，随即用心听讲。

冯玉祥侵夺直隶督军李景林地盘时，张之江将军为冯部总指挥，驻杨村，每日都要祈祷上帝，让战事早日获胜。后来李景林失败，由天津撤至马厂一带，张将军又祷告感谢上帝的庇佑。1926 年张作霖、吴佩孚在南口进攻国民军，张将军集合干部学生和督办公署卫队亲自祷告：主啊，张作霖、吴佩孚发动内战，妄想武力统一中国。他们好像一只船在大风浪中，迷失方向，愿我主赐给他们智慧，让他们回头登岸……

颜惠庆曾在北京政府历任国务总理、外交部部长及驻外公使等职，手段圆滑老到，辩才也甚好，颇有外交家的风度。颜新任国务总理时，有一个外国新闻记者前去采访，会谈一个小时，颜说话占了 45 分钟，口若悬河，滔滔不绝。记者非常高兴，以为一定可以写一篇长篇通讯发表。等到返回住地，伏案起稿时，却想不出颜究竟所说的是什么内容。因为颜虽无话不说，却东一句西一句，七拉八扯，虽然讲了 45 分钟，其实言之无物。

有一次，郁达夫应邀演讲文艺创作，他上台在黑板上写了“快短命”三个大字，台下的听众都觉得很奇怪。他接着说：“本人今天要讲的题目是《文艺创作的基本概念》，黑板上的三个字就是要诀，

‘快’就是痛快，‘短’就是精简扼要，‘命’就是不离命题。演讲和作文一样，也不可以说得天花乱坠，离题太远，完了。”郁达夫从在黑板上写三个字到说完话的时间，总共用了不到 2 分钟，正合乎他所说的三原则：“快短命。”

“五四”前后，北大师生曾有素食会的自由结合，提倡吃素，蔚然成风。最突出的是生物学教授李石曾，他平生吃素数十年如一日，从未间断。他长期吃素不是为了信仰，而是为了卫生。经常吃豆浆代替牛奶。因为好吃素，他早年在巴黎创办一家“豆腐公司”，销售各种豆制品，因法国人不惯制豆腐，购买者众，尤受素食者欢迎。那时北大师生好吃素，是以李石曾为榜样的，蔡元培先生最初亦因为羡慕李石曾的吃素而吃素的。

北京协和华文学校是由美国石油大王洛克菲勒主办的。因为中文难学，华文学校规定，学生 10 年毕业，毕业后可得“华文博士”学位。但这个学校办了多年没一个毕业生，大概不外乎以下三个原因：有些人在华没这么长的时间；中文难学，知难而退；有些人在华多年成为“中国通”后，“悟”出与其自己出马，不如干脆用中国人更方便，何苦自己在教室中坐十年凉摇椅呢（为了学生舒服，教室里都配有摇椅，摇着上课）？因此有 30 多个国籍学生的华文学校，竟没一个毕业生，也就不足为奇了。

大约 1920 年，蔡元培先生发起了“进德会”。依照该进德会的规定，凡愿遵照下列条款之一者，均得申请入会。一、不嫖，不赌，不娶妾（一类）；二、不嫖，不赌，不娶妾，不作官吏，不当议员（二类）；三、不嫖，不赌，不娶妾，不作官吏，不当议员，不吸烟，不饮酒（三类）。加入进德会者，学生、教师都有，尤其加入第一类者较多，因第一类比较容易做到。第二类的“不作官吏”“不当议员”就有许多人表示怀疑。有人说，蔡先生自己当的国立大学校长，就是政府任命的简任官吏；况且，如果不当官吏，学生毕业后，去做什么工作呢？后虽经蔡先生书面解释“文化教育以及工农界都不属于官吏范畴”，但究竟入第二类的会员者不多，至于入第三类的，就更少了。蔡先生本人也只入第二类，因蔡先生当时既吸烟亦喝酒。进德会的发起，对当时的学生思想确实产生了一定的影响。

冯玉祥任西北边防督办时，与外籍基督徒十分亲密，有求必应。但1925年五卅惨案后，冯玉祥致电各地基督教会、外籍牧师，要求他们以教会名义出来说些公道话，但是电报发出，无一人响应。冯玉祥将军五原誓师后，西北军内的基督教忽然结束了。牧师取消，代以政治员。礼拜取消，代以朝会。唱圣歌取消，代以《国际歌》。布道取消，代以革命理论课。人人都说，总司令从苏联学了一套革命理论，所以不再念那基督教了。

1947年4月，第七十三军呈报，战斗中将关防丢失，请予补发望准是荷。陆军总司令部徐州司令部第一处批：怎么没丢你们的人头?

淮海战役期间东海师范师生随军西逃，一学生回忆：邳县运河铁桥上杂牌部队、流亡学生、各县武装及一些县区乡党政人员和难明真相的群众，把运河铁桥堵得水泄不通。突然从后面挤过来一群穿旧军服的士兵，约四五十人，每个人手里托着步枪，插上刺刀，杀气腾腾，横冲直撞，冲开一条通道。前面过桥的人，纷纷掉落水下……这群凶神听说是沭阳县保安大队的官兵。

国民党整编第七十五师未按装备要求配发雨披，官兵每人持伞一把，逢雨中行军，冠盖云集，蔚为壮观，被称之为“伞兵部队”。

国民党参谋本部部员中，有欠薪17年的。宪兵一少校连长被撤职，向陆军总长索要历年欠薪2000元，总长无奈，又发他回宪兵司令部任中校科员。

西府陇东战役期间，国民党整编第六十五师师长李振赶到战场，打电话向马家军骑兵团长马得胜打听情况，两位一个广东人、一个青海人，说了半天互相一句话也听不懂，只好作罢。

国民党第整九师师长王凌云将军回忆，1947年攻至平度，发现解放军和百姓已经转移，墙上到处是标语“请吃西瓜”，不解，亦未留心。入城后，整九师被地雷炸死炸伤70多人。

直罗镇战役后红十一团连夜追敌，在王家村附近休息。第二天清早准备出发，王平将军到山沟边小便，隐隐约约听到有人骂了一句，向沟下一望有动静，立即命令部队把沟包围起来，抓出一敌营长外加两三百号人，缴到不少捷克造的新枪。他们隐藏在树丛里，没想到将军的小便撒在他们头上……

国民党第八师参谋长施有仁将军说：“吐丝口覆灭的七十三军和整四十六师，把他们番号的两个字加起来，都是推牌九的鳖十。再把孟良崮覆灭的整七十四师番号两个字加起来，也只得一点，假若赌牌九找到他们这些点子，哪有不输干的道理。再看看我们五十四军，五加四是九点，第八师不用说是八点，三十六师三和六加起来是九点，一九八师一字加九字再加八字还是八点，推牌九的人抓到咱们这点，起码吃他两道，焉有不胜之理？”

蒋介石作战主意多变，或亲用电话，或亲拟手令，或由其侍从代拟命令直接指挥，有时遥控指挥。下级部队常接到同是署名“中正”的几份命令，指令不同甚至相反，他们摸住了规律，因而来个排队分类，凡是手令、手谕列为第一类，用侍从室行文代字的列为第二类，用第三厅行文代字的列为第三类，依次来考虑自己的执行程度和缓急。

曾经在华清池捉过蒋介石的白凤翔一生中由匪而军而伪，在民国军事史上也算是个不大不小的人物。此公出身热河的绿林好汉，且扎吗啡针成瘾骨瘦如柴，人送外号白三阎王（烟王）。白凤翔投日后某次与李守信见面，晚上脱衣睡觉时却见他外衣里面魔术师般挂着7支手枪：20响大肚匣子X2、勃朗宁X5，连同子弹至少20多斤。饶是李某人一样也是由匪而军而伪的大角色也惊得舌头吐出来缩不回去，遂劝其卸下武装。白勉强卸下3支，身上仍留着20响X1、勃朗宁X3才肯睡下，且苦笑曰："我已背了几十年，身上已磨出茧子，全解下来松了吧唧的反而睡不着觉。"

锦州战役中东北解放军大获全胜，破城后穷追的第一号目标自然是锦州的国民党军最高级将领、东北"剿总"副总司令兼锦州指挥所主任范汉杰中将。10月18日，东野九纵直属队在公路上捉住一对操南方口音的中年夫妇，纵队政治部把这对夫妇隔离审讯，一通连蒙带唬，终于从范夫人口中确认那中年人就是范汉杰。不过范本人还并不认账，几个战士要把他押往纵队司令部，他躺在地上就是不肯走。战士急了，拉着他的腿硬拖。没走几步，他就喊了起来："我头流血了，我就是范汉杰，快给我上药！"范似乎远没有杜光亭用石块打脑袋的那股精神头，到司令部上药时连声问军医："我会得破伤风吗？会有生命危险吗？"

汤恩伯的骨干军之一的八十五军有一个野炮营，有12门75野炮。中原会战打响，军长吴绍周以野炮笨重为由命令野炮营撤回军留守处或者暂时配属十三军作战。十三军军长石觉以公路已经破坏且埋有地雷为由既拒绝留用也拒绝通行，炮兵只好从附近的小河中过路。次日日机临空，3门火炮被炸毁。炮兵营辗转撤到卢氏县，奉蒋鼎文之命配属某师。师长既不安排任务也不安排阵地，摆明了嫌野炮笨重碍事妨碍转进。炮兵营长也有绝活，在阵地上仅留下一门炮备战，其余8门直接走人。当日夜间，营长派人赴师部请命，却见师部早已人去屋空，总算营长精明才没吃了暗亏。

抗战期间马占山、邓宝珊、蒙疆宣蔚使朱绶光和二十军军长高双成同驻榆林，四人皆有戏瘾、牌瘾、鸦片瘾，轮流坐庄请吃请喝，打牌抽鸦片，碰到其中某一位过生日，还要拉出二十军剧团开台唱大戏。马占山在延安打猎因枪支爆炸伤了手，行动不便，就做了一个特制的木尺，以防错过牌局。

1947年8月，国民党整编第五十七师奉命开赴鲁西南追击解放军，天雨泥泞，道路难行，部队逃亡严重，最好的连队也只剩50多人，而且来自三种成分：一、士兵；二、沿途抓来担弹药的百姓；三、沿途搜获的解放军散兵和俘虏，被称为“三合一部队”。师长段霖茂被团长叶俊背地里叫“断送”。

段霖茂率整编五十七师被包围在沙土集，大势已去，顾祝同仍要其坚持，段大骂：我已经完蛋了，还援个屁！随即砸毁报话机，拿起酒瓶猛吞一口酒，顺手拿起手枪要自杀。特务营长卢作邦一把夺掉段的手枪，带着此枪拖段出门突围，结果营长突围出去，段师长被俘虏。

解放战争后期，国民党第二十六军在云南整训，第一九三师长期担负昆明至沾益沿线铁路的护路任务，但由于解放军游击队的袭扰，使一九三师疲于奔命，师长石补天为此哀叹道：“我不应叫石补天，而应改为石补路，我天天补这条路都补不过来，哪还有时间去补天呢？”

陆军上将鹿钟麟，留大陆，居天津，任居委会主任。陆军上将李品仙，去台湾，住台北，任邻长（台湾最基层民众单位）。

1936年12月12日，张学良在多次劝谏蒋介石抗日无效后，联合杨虎城发动兵谏，囚禁蒋介石，这就是震惊中外的西安事变。西安事变发生后，张学良致电阎锡山，希望他能来西安共商救国大计。接电后，阎锡山立即召开军政紧急会议，商讨对策。阎锡山在会上说：“小六子（张学良）太蛮干了，已元气大伤。”经过反复研究，他们决定拥护南京政府，营救蒋介石，谴责张学良和杨虎城二人。

蒋介石亲赴贵阳督战。廖磊奉命率领第七军尾追红军，而廖却始终与红军后卫部队保持两天行程，且追到贵州都匀、独山一带便干脆不追了。红军摆出进攻贵阳的姿态，蒋介石急电廖磊星夜来援。却不料廖磊复电："容请示白副总司令允许，才能前进。"老蒋只好叹息道："这真是外国的军队了。"

文坛第十一

晚清以来，国势日蹙，外国人贬称为“东亚睡狮”。而国人视来似乎是贬中有褒，颇不以为忤。维新派名士汪康年亦以为“狮而云睡，终有一醒之时”，因不解其故，询之所结识的外国人，均笑而不答，似有深意藏焉。一次，汪遇见马戏团一驯狮员，细问缘故，这才得到了答案。原来驯狮者为使狮子驯服听话，想出了一个办法，先用少许鸦片涂抹于食饵上，以后逐渐加大剂量，狮子吃上瘾后，威风顿扫，终日无精打采，昏昏欲睡，兽性渐失，只能任人摆布调戏而已，故称之为“睡狮”。以之比喻当时烟毒弥漫的中国，可谓贴切。汪康年闻之，恍然大悟：“噫，可惧哉！吾愿中国人憬然而悟之。”

1839年，龚自珍路过元和（今江苏吴县），作诗怀念顾千里：“湖山旷劫三吴地，何日重生此霸才？”他常以史学眼光自重，将历史上的世情世态，分为三等：一等为治世，二等为乱世，三等为衰世。他还说：“灭人之国，必先去其史；隳人之枋，败人之纲纪，必先去其史；绝人之材，湮塞人之教，必先去其史。”

严复嗜吸鸦片。1890年，李鸿章就劝严复道：“汝如此人才，吃烟岂不可惜，此后当仰体吾意，想出法子革去。”严闻之，决心戒烟，但屡戒屡吸，无一次彻底革除。严复在逝世前一年，仍对吸烟悔恨不已，他在致熊纯如的信中说："恨早不知此物为害真相，致有此患，若早知之，虽曰仙丹，吾不近也。寄语一切世间男女少壮人，鸦片切不可近。世间如有魔鬼，则此物是耳。"

清末郑孝胥评论时人，说岑春萱不学无术，张之洞有学无术，袁世凯不学有术，端方有学有术。张之洞闻之笑道："我自认迂拙，郑说我无术，一点没错。有学两字却愧不敢当，不过比岑、袁两人多认识几个字而已。袁世凯何止有术，简直多术。至于说端方有学有术，未免奉承了。学问之道无穷，谈何容易。他不过搜罗一些假碑版、假字面、假铜器，附庸风雅，怎么谈得上有学问呢？"

梁启超曾说读龚自珍诗文"如受电击"，他自己的文字也实现了这一阅读效果，他"以饱带感情之笔，写流利畅达之文"，他的《新民说》《少年中国说》等以其一泻千里、汪洋恣肆的文字，新鲜活泼的思想倾倒了几代读者。正是"笔锋常带感情"，使得梁启超的政论富有极大的感染力，影响了几代人。

戊戌变法失败后，康有为由维新转向保皇，上海《苏报》的陈范对汪文溥说："中国势当改革，而康君所持非也，君盖偕我以文学饬国人，俾无再入迷途。"《苏报》言论从此转向革命。

梁启超曾说："李鸿章为数千年中国历史上一人物，为19世纪世界史上一人物，不学无术，不敢破格，是其短也；不避辛劳，不畏谤言，是其长也。……我不能说李鸿章不是英雄，但他是时势所造的英雄，不是造时势的英雄。至于因中法、中日战争而把李骂成秦桧，只能算是狂吠。"最后梁启超的结论是："吾敬李鸿章之才，吾惜李鸿章之识，吾悲李鸿章之遇。"

辜鸿铭曾任张之洞幕僚多年，一次有人问他张之洞较曾国藩如何，他说："张之洞是儒臣，曾国藩是大臣而非儒臣。三公论道，是儒臣的事；计天下之安危，论行政之得失，是大臣的事。国无大臣则无政，国无儒臣则无教。政之有无，关国家之兴亡，教之有无，关人类之存灭，且无教之政终必至于无政也。”

章太炎与邹容在狱中合作绝命诗二首，其一为：平生御寇御风志（邹），近死之心不复阳（章）。愿力能生千猛士（邹），补牢未必恨亡羊（章）。

章士钊认为康有为的文章，多有夸大之词，是其性习使然，又系政治作用为之也。他以为“南海诗文，向欠洗伐之功，笔端起处，即倾河倒峡而出；其勉强趁韵处，往往活剥生吞，无暇咀嚼，以诗律言，诚达不到一个细字”。

康有为在戊戌变法失败后流亡日本，1917 年 7 月，他又伙同张勋入北京从事复辟活动，当时张以“武圣”自居，康则被视为“文圣”。复辟失败后，有人以康有为的名号属联：国之将亡必“有”；老而不死是“为”。

康有为有一次看戏，戏名是《光绪痛史》，无意间他看到台上一个演员所扮演的正是戊戌变法中自己的角色。看完戏后，他非常感慨，作诗一首：君臣鱼水庶明良，戊戌维新事可伤。廿五年来忘旧梦，无端傀儡又登场。犹存痛史怀先帝，更复现身牵老夫。优孟衣冠台上戏，岂知台下即真吾。

戊戌变法失败后，康有为、梁启超流亡海外，极力与孙中山的革命团体对立，力倡保皇，与革命人士论争激烈。但辛亥革命成功、民国创建后，胡适却称许梁启超为革命的第一功臣。他在日记里写道：“任公（梁启超号）为我国革命第一大功臣，其功在革新吾国之思想界。十五年来，吾国人士所以稍知民族思想主义及世界大势者，皆梁氏之赐，此百喙所不能诬也。去年武汉革命，所以能一举而全国响应者，民族思想、政治思想入人已深，故势如破竹耳。使无梁氏之笔，虽有百十孙中山黄克强，岂能成功如此之速耶？”

清末革命党人为表示自己坚定的反清信念，决定不用清朝年号。然而，没有了清朝年号纪年，想记录日期时，往往觉得很不方便，而“公元”是洋人的产物，借来使用又似乎不恰当。这时，经学大师刘师培提出所谓“黄帝纪元”的纪年法。

严复学贯中西，观察问题的角度总是令人匪夷所思。而且他最喜欢与人唱反调，别人说东，他偏要说西，并且每次驳倒对方的理由都令人绝倒。

严复从英国学成归国，任教于北洋水师学堂。光绪二十六年(1900)庚子事变爆发后，他前往上海避乱。袁世凯就任北洋总督时，曾致书请他入幕，但他骂道：“你是什么东西，够得上延揽我？”后来袁世凯被贬回河南老家，他竟改口说袁世凯为“朝廷柱石”，指责清廷是“自坏栋梁”。

溥仪喜读《红楼梦》，曾咏一诗，有“红楼拟作小蓬莱，中贮金陵十二钗”之句。

辜鸿铭博通西国文学，但与国人晤谈，从不杂及英语，以示不数典忘祖。

辜鸿铭对“改良”二字极为厌恶，刚入北大那年，在开学典礼上，他借题发挥说：“现在的人作文用词极为不通，譬如说‘改良’一词吧，以前的人都说‘从良’，现在说‘改良’，你既然已经是‘良’了，你还改什么，你要改‘良’为娼吗？”闻听此言，台上台下哄笑一片，场面大乱。

有人问章太炎：你的学问是经学第一，还是史学第一？章太炎笑答：都不是，我是医学第一。

章太炎行为乖张，生平喜欢特立独行，被人称为疯子。他知道后，不但不生气，还赞成对方的说法。他不仅自认是疯子，还劝导他的朋友都能带点神经病。

章太炎晚年寓居上海，经常迷路，离家50公尺之外，就会晕头转向。而且他总不记得自家地址，只好沿途问人，其问法是："我家在哪里？"被问到的人，常当他是疯子。某次，他从南京返回上海，由于家人记错班次，没接到他，他只好雇一辆马车，并告诉车夫说："到我家里。"车夫没有法，只好在街上乱跑，转了半天才被家人找到。

一位曾经在欧洲学美术的年轻画家要开画展，先把自己最得意的画作拿给吴敬恒去看，希望他能题词。由于那是幅超现实的抽象画，吴敬恒左观右览，就是看不懂他画什么。最后在画上题了一首打油诗：远观一朵花，近看一个疤。原来是幅画，哎呀我的妈！

熊希龄与毛彦文结婚，当时男方63岁，女方33岁。洞房花烛之夜，熊希龄得意至极，自撰《定情曲》一首以为纪念。

1914年，王闿运接受袁世凯礼聘出任国史馆馆长，那时他已是83岁高龄。到北京就职时，有人问他："您年纪这么大了，为什么还不辞辛苦地来做这个官呢？"他笑着回答："世上最容易的事，就是做官。我因年纪大了，什么都不能做，所以只好来做官啰！"

1916年10月，胡适给陈独秀的信中列举了新文学的八条原则：一曰不用典。二曰不用陈套语。三曰不讲对仗。四曰不避俗字俗语。五曰须讲求文法之结构。此皆形式上之革命也。六曰不作无病呻吟。七曰不摹仿古人，语语须有个我在。八曰须言之有物。此皆精神上之革命也。

蔡元培与黄仲玉结婚，婚礼上他们一改旧俗，举行婚礼演说会，来宾以"妇女解放"为题发言演说，革除了闹洞房的陋俗。

蔡元培十分平易近人，常常与学生打成一片。一次他与学生开座谈会，问在场的学生们："一加一等于几？"在座的学生们个个百思不得其解，以为蔡元培此问有什么高深的学问，于是都不敢贸然回答。过了很久才有一个学生鼓足勇气说："先生，一加一等于二。"蔡元培当即大笑，说："对嘛。一加一就等于二啊。你们这样崇拜甚至迷信偶像，竟然连真理都不要了。"

1919年5月4日，北大学生率先发起了"五四运动"，因此每到5月4日这天必有北大校友聚会聚餐。一次聚会，蔡元培也应邀参加，他有感于每年的"五四聚餐"，不禁叹道："我们这些人真是吃'五四'的饭呀！"

1919年蒋梦麟组织"新教育共进社"，创办了《新教育》月刊，并担任主编，大力倡导新思想。同年7月，他到北京大学主持校务工作，受到北大学生热烈欢迎。他在北大力主体制改革，施行选科制。他理想中的北大是世界一流的大学，是在世界教育、科学方面占有重要地位的高等学府，在录取新生时就格外注意学生的素质与质量，不以数量牺牲质量。

1920年担任北大校长的蔡元培开中国大学招收女学生之始。

胡汉民，少年才俊，一心想出国深造，但他家里贫穷，一直无法如愿。后来他到《岭海报》担任记者，以"能文"美誉，名声大噪。光绪二十九年（1902）秋举人考试时，他替两个富家兄弟当"枪手"，化名入场代考，让那兄弟俩都高中，事后获得6000大洋的酬劳。凭着这笔钱，胡汉民终于能东渡日本留学，遂了心愿。

1920年9月，正在英国留学的著名语言学家刘半农，写了一首名为《教我如何不想她》的情诗，后来由赵元任谱曲传唱，在民国初年风靡一时。其诗云：

天上飘着些微云，地上吹着些微风。
啊！微风吹动了我头发，教我如何不想她？
月光恋爱着海洋，海洋恋爱着月光。
啊！这般蜜也似的银夜，教我如何不想她？
水面落花慢慢流，水底鱼儿慢慢游。
啊！燕子你说些什么话，教我如何不想她？
枯树在冷风里摇，野火在暮色中烧。
啊！西天还有些儿残霞，教我如何不想她？

胡汉民喜欢下象棋，而且很在乎输赢。1936 年 5 月 9 日，他在与陈融对弈中因激动过度，脑溢血突发，三天后命归黄泉。

苏曼殊的生母是日本女子，因此苏曼殊受尽亲人的歧视。苏曼殊从 13 岁起，在上海学习英文。接着返回日本留学。他的生活很清苦，吃的是掺了石灰的米饭，为了节省灯油费，晚上竟不点灯。

苏曼殊激扬文字，始终坚持反帝反封建的斗争。即便在辛亥革命失败后，他意志极度消沉时，也没有动摇反帝反封建的信心，当孙中山发动“二次革命”时，他发表了著名的《讨袁宣言》，历数袁世凯祸国殃民的种种罪行，揭露袁贼“擅屠操刀，杀人如草”的罪行。

苏曼殊爱憎分明，当他的好友、革命党人赵交谊为了黄花岗起义而献身时，他含悲作了一幅《荒城饮马图》，焚于故友墓前，从此不再作画，以对故友悼念；而当有些人投身袁世凯时，他则立即与之绝交。

苏曼殊早先是加入同盟会，后又遁世出家，醉心诗文，其所作诗文典雅蕴藉，才华横溢，被称为“革命诗僧”。

苏曼殊嗜好甜食，一旦碰到酥糖、八宝饭等甜品，他便狼吞虎咽，狂吃不止。他最喜欢吃糖果，想吃而没钱买时，竟不惜取下口中的金牙交换，因而得了个“糖衣和尚”的称号。

苏曼殊曾三度出家，他仰慕玄奘大师西行求法的壮举，希望做“白马投荒”第二人，并开始“一钵千家饭，孤僧万里游”的生涯。

张伯苓身为南开系列学校总校长，只领一份薪水，加上车马费，收入远远低于一般教授。他经常步行到学校上班，甚至外出开会也很少乘车。有一次，张伯苓外出开一个很重要的会，散会后，会场大门口的差役以为他是开车来的，问他：“你的车号是多少？”他答道：“11 号。”说毕就径直走了。

著名政治学教授张奚若，经常对学生讲：“学政治学，要有独立的政治见解，抱定为社会服务的宗旨，而不是为了做官。”

胡适所著的《中国哲学史大纲》，是中国最早使用新式标点符号的书籍。

1926 年，陈德征担任上海《民国日报》的总编辑，随后又入国民党上海市党部和文教机关任职。成为红极一时的“权臣”，他便有些忘乎所以。一次，《民国日报》发起一次“选举”中国的伟人的活动。结果名单揭晓时，第一名竟是他自己，第二名才是蒋介石。蒋介石大怒，将陈德征逮捕，关押数月，又“御批”各机关，对陈“永世不得录用”。

1926 年 10 月 3 日，徐志摩与陆小曼在北京结婚，央请梁启超证婚。由于徐志摩是离婚再娶，陆小曼则是离婚再嫁，面对这种情况，梁启超非常不以为然，所以他虽然答应了，但在证婚时，却前所未有地当着满堂宾客，把新郎新娘狠狠训了一顿。

1927 年 6 月 2 日（阴历端午前二日），王国维在颐和园鱼藻轩，临流独立，仿效屈原自沉，并留下遗书一纸。他在遗书中写道：“五十之年，只欠一死，经此世变，义无再辱。我死后，当草草棺敛，即行藁葬于清华茔地。汝等不能南归，亦可暂于城内居住。汝兄亦不必犇葬，固道路不通，渠又不曾出门故也。书籍可托陈、吴二先生处理，家人自有人料理，必不至不能南归。我虽无财产分文遗汝等，然苟谨慎勤俭，亦必不至饿死也。”

1929年秋，罗家伦出任清华大学校长。一次他去拜访陈寅恪，并送给他自己编的一本书《科学与玄学》。陈寅恪接过书，随手翻了翻，便随口念出来一联语，其联曰：不通“家”法科学玄学；语无“伦”次中文西文。罗家伦闻言哈哈大笑。接着陈寅恪又送他一个横批：儒将风流。并解释说，罗家伦在国民革命军里面，官拜少将，自是儒将，而娶了个漂亮的夫人，自属风流了！

小说家郁达夫在1930年游桐庐严子陵故居时，乘着酒性写下一首《钓台题壁》的诗，诗云：

不是尊前爱惜身，佯狂难免假成真。
曾因酒醉鞭名马，生怕情多累美人。
劫数东南天作孽，鸡鸣风雨海扬尘。
悲歌痛哭终何补，义士纷纷说帝秦。

1929年1月19日，梁启超在北京逝世，享年57岁，他身后留下的遗墨手迹，据胡适估计，约为3万件，件件都笔锋严整遒劲，绝无轻率苟且落墨的。为什么会这样？胡适说那是因为梁启超成名太早，自知其片纸只字，都不会被人丢弃，都有人会要收藏，所以即便是张小小的便条，也都慎重其事，笔笔不乱写。

1935年11月，王造时加入教育界救国联合会，1936年5月加入全国各界救国联合会，担任常务理事兼宣传部长。作为救国会的主要负责人之一，写宣言、作演出、著文章、主持会议，做了大量工作。同年11月，他与救国会的其他6位领导人先后被国民党当局逮捕入狱，人称“七君子”。

1936年，鲁迅先生病重，他写下一篇随笔，叫作《死》。最后两句话是：让他们怨恨去，我一个都不宽恕。

出版界名人王云五某次到北京时，各大学争相举行欢迎会，并请他演讲自己苦学的过程。一次演讲完毕，有位学生站起来说："先生的学问，当然国内外共知，但非洲某一座大山，《王云五大辞典》中注称在美洲。我们开始以为是误植，可是至今书已出了四十几版，仍未见更正，后来才明白原来是先生大力，将那座山由非洲移到美洲了。"语毕全场哄堂大笑。

王云五幼时家境清寒，念书的机会极少，但他奋发图强，靠着自修与半工半读，终成大器。

叶公超在北京大学外文系讲课时，给学生的感觉是一副英美绅士派头，语音十分准确。有一次，一个学生问他，在《英华合解词汇》里查不到的字怎么办，他说："那个《词汇》无用，烧了，要查《牛津大字典》。"

20世纪40年代初，叶公超弃学从政，当了国民党政府的外交部部长。有一次，有个学生去看望他，言及自己即将出国。岂料叶公超率直一如既往，略带嘲讽地说："你要出国镀金去了。"学生感觉下不来台，只好答道："老师已经镀成金身，学生只好去沙里淘金了。"叶公超哑然。

有一次，孙传芳慕名前去拜访马一浮。马一浮不肯接见。家人鉴于孙传芳当时的权势，便打圆场说："是不是可以告诉他你不在家？"谁料马一浮断然说："告诉他，人在家，就是不见！"弄得孙传芳只好悻悻而返。

民国时期，科学家竺可桢在浙江大学担任校长，深受师生的爱戴。一次联欢会上，在节目单中有“校长训话”一项。竺可桢感到在联欢会上来个训话，实在大煞风景。于是他在讲话时说：“同学们，‘训’字从言从川，是信口开河也。”大家听了，哄堂大笑。

抗战时期，蒙文通在四川大学历史系任教。有一次，他和学校产生了纠纷，学年结束，学校决定不再聘任他。但新学期开学后，他还照样去上课。他说：“学校不聘我是学校的事情，我是四川人，我不能不教四川子弟。”学生照样去上课，学校也拿他没有办法。

吴有训在担任西南联大理学院院长、中央大学校长时，有一次给新生讲话，他说：“大学这个词英文叫university，我的理解音译过来就是‘由你玩四年’。玩四年混个文凭也不是不可能的事，但那样只能误了你们自己。四年大学对一门学科来说，只能算入门打了点基础，离校后还需作艰苦的努力，方能有所成就。”校长一席话，给新生留下了深刻印象。

吴晗是个明史专家。1941年，他在西南联大任教时，重庆的“国立编译馆”约他写一部《明史》。书稿写好送去不久，原稿被退了回来，里面附了一张字条，上面写着：“红军之起，拟改作民军之起，以下一律照改。”这种篡改历史的无理要求使吴晗十分气愤，他表示拒绝修改：“我宁可不出书，这个字万不能改！”

20世纪40年代，中央研究院筹备成立民族学研究所，院长朱家骅委托史语所所长傅斯年出面，请语言学家李方桂任所长，岂料李方桂坚辞不就。傅斯年不厌其烦，一再催促。最后李方桂说：“我认为研究人员是一等人才，教学人员是二等人才，当所长做官的是三等人才。”傅斯年听后，躬身作了一个长揖，告辞说：“谢谢先生，我是三等人才。”

有一次正值北京大学招生期间，胡适在北大招生委员会说：“我看了一篇作文，给了满分，希望学校能录取这名有文学才华的考生。”在座委员均无异议。主持会议的校长蔡元培也表示同意。可是委员们再翻阅这名考生的成绩，却发现数学是零分，其他各科成绩也平平。但蔡、胡二人对所做的决定并不后悔。这名北大破格录取的学生就是罗家伦。

有一次，北大学生因为不肯交讲义费，几百人聚集要求免费。时任校长的蔡元培坚持校纪，不肯通融以至秩序大乱。于是这位身材矮小，瘦巴巴的文人，站在红楼门口，挥拳作势，怒目大声喊道：“我跟你们决斗！”包围他的学生只好纷纷后退。

有一年，四川某中学学生毕业，省府派时任中学校长及省监学等职的李宗吾为主试委员，李宗吾对待考试极其严格，学生恨之入骨。一天夜里，几名学生把李宗吾拖出，痛打了一顿，临走骂道：“你这狗东西，还主不主张严格考试？”李被人扶起，大声说：“只要打不死，依然要考。”后裹伤上堂，继续考试，学生不敢再抗，一律就试。

胡适属兔，他的夫人江冬秀属虎，胡适常开玩笑说：“兔子怕老虎。”当时就流传了胡适怕老婆的笑话。有一次，巴黎的朋友寄给胡适十几个法国的古铜币，因钱有“PTT”三个字母，读起来谐音正巧为“怕太太”。胡适与几个怕太太的朋友开玩笑说：“如果成立一个怕太太协会，这些铜币正好用来做会员的证章。”

20世纪30年代，青年学子流行的口头禅是：“我的朋友胡适之。”

胡适为曹佩声作诗表达爱意，诗云：咬不开，捶不碎的核儿，关不住核儿里的一点生意；百尺的宫墙，千年的礼教，锁不住一个少年的心！

胡适在“五四”时期，提倡白话文，说“文言是半死文学”，“可读而听不懂”。一生以白话文的布道者自居，始终关注白话文的发展和命运，还特意编著了一部《白话文学史》。

胡适和钱穆在研究《老子》时发生争论。胡适认为老子略早于孔子；钱穆则认为老子后于孔子。两人为此观点争论不休。有一次，两人在一个会上相遇。钱穆说：“胡先生，《老子》成书的年代晚，证据确凿，你不要再坚持你的错误了！”胡适说：“钱先生，你举出的证据还不能说服我；如果你能够说服我，我连自己的亲老子也可以不要！”

胡适应邀到某大学讲演。他引用孔子、孟子、孙中山的话，在黑板上写：“孔说”“孟说”“孙说”。最后，他发表自己的意见时，引得哄堂大笑，原来他写的是“胡说”。

1935年，何香凝感于时局，气愤之下，把自己的一条裙子寄给蒋介石，并附上一首诗：“枉自称男儿，甘受敌人气。不战送山河，万世同羞耻。吾侪妇女们，愿往沙场死。将我巾帼裳，换你征衣去。”

聂绀弩诗云：“文章信口雌黄易，思想锥心坦白难。”

殷海光说：“自古至今，容忍的总是老百姓，被容忍的总是统治者。”

民国时，王亚南说：“专制制度下只有两种人：一种是哑子，一种是骗子。我看今天的中国就是少数骗子在统治多数哑子。”

顾颉刚说：“让我盲目崇拜一个人，就像让我训斥一个仆人一样困难。”

雷海宗说：“中国知识分子一言不发的本领在全世界的历史上，可以考第一名。”

阳翰笙曾请茅盾为他的小说《地泉》写序，茅盾在序中直言这是一部不成功的小说，太过符号化。没想到阳翰笙竟然把如此尖刻的批评原文出版。阳翰笙如此雅量，传颂一时。

张伯苓先生曾说：“我不给孩子留财产，我给他们留德。”

成舍我说：“你要享有自由，你就得用行动来证明自己配得上自由这两个字；你要享有自由，你就得与那些不让你自由的力量周旋到底。”

徐铸成说：“参加一政治组织，等于女人决定选择对象，此为终身大事。我对政治素不感兴趣，愿抱独身主义。”

王芸生等人办《大公报》的社训为：“不党，不卖，不私，不盲。”王芸生曾对后生小子们说：“抓到刑场，揪住小辫儿，钢刀一举，咔嚓一声的时候，小子，你要一声不吭，咬紧牙关顶得住，才算一条好汉，一个好记者。”

“七七”卢沟桥事变后，蒋介石和汪精卫联名邀请全国各界名流学者到江西庐山开谈话会。会中胡适慷慨激昂，发表了一通抗日救国演讲。在座的胡健中听后，即席赋诗一首：“溽暑匡庐盛会开，八方名士溯江来。吾家博士真豪健，慷慨陈辞又一回。”言语中颇含戏谑之意。胡适也随手写了一首白话打油诗回赠：“哪有猫儿不叫春？哪有蝉儿不鸣夏？哪有蛤蟆不夜鸣？哪有先生不说话？”

顾维钧的处世态度非常雍容，从来没有疾言厉色。他对人总不称“你”而称“您”。他说：“在外交上讲话，一定得有礼貌。例如知道对方不会同意自己的意见，而话一定得这样说：‘我相信您一定会同意我的意见吧。’”

韩复榘曾视察青岛大学，由青岛市长沈鸿烈陪同。沈市长介绍时说:“主席,这是我们自己的学校,你不必客气,有什么指示,尽管吩咐。”出人意料的是韩主席没有什么指示,他只“嘿嘿”了两声之后慢条斯理地说:“我没有什么话说,各位老师都教得很好,很好,很好。”

梁思成说:“一个东方古国的城市,在建筑上,如果完全失掉自己的艺术特征,在文化表现及观瞻方面都是大可痛心的。因为这事实明显地代表着我们文化的衰落,至于消失的现象。”

1924 年,梁漱溟离开北大,有人问他原因,他说:“因为觉得当时的教育不对,先生对学生毫不关心。”他认为,先生应与青年人为友。所谓友,指的是帮着他们走路;所谓走路,指的是让包括技能知识在内的一个人全部的生活往前走。“教育应当是着眼一个人的全部生活,而领着他走人生大路,于身体的活泼、心理的朴实为至要。”

20 世纪 20 年代,鲁迅在厦门平民学校成立会上说:“没有什么人有这样大的权力:能够教你们永远被奴役。没有什么命运会这样注定:要你们一辈子做穷人。你们自己不要小看自己……”

李宗吾发明厚黑学最初的灵感来自三国英雄。他说:“曹操的特长全在‘心黑’,他杀孔融,杀杨修,杀董承、伏完,又杀皇后、皇子,什么都不怕,真是心黑到了极点。而刘备的成功全靠‘脸皮厚’,依附这个依附那个,而且平生善哭。他们一个心肝最黑,一个脸皮最厚,并为双绝,谁也奈何不了谁。”他由此为起点发明了厚黑学,并自封厚黑教主。别人问他为什么骂人,他就说:“我哪里敢骂人,我是在骂自己。”

胡风在北京秦城监狱被关押时,有一次,管教丢给他一个麦草编的帽圈和一捆麦秆,说:“老吃饭不干活,太不像话,学着编麦辫儿吧!”胡风回敬道:“不是我不干活,是你们剥夺了我的劳动权。我的劳动不是编麦辫,是用笔写作。”他把麦秆扔一边,管教也没办法。

学者第十二

龚自珍说："夫有人必有胸肝，有胸肝则必有耳目，有耳目则必有上下百年之见闻，有见闻则必有考订同异之事，有考订同异之事，则或胸以为是，胸以为非，有是非，则必有感慨激奋，感慨激奋而居上位，有其力，则所是者依，所非者去，感慨激奋而居下位，无其力，则探吾之是非，而昌昌大言之。……中书仕内阁，糜七品之俸，于今五年，所见所闻，胸弗谓是；同列八九十辈安之，而中书一人，胸弗谓是；大庭广众，苟且安之，梦觉独居，胸弗谓是；入东华门，坐值房，昏然安之；步出东华门，神明湛然，胸弗谓是；同列八九十辈，疑中书有痼疾，弗辨也，然胸弗谓是。"

魏源编写《海国图志》的目的，"是书何以作？曰：为以夷攻夷而作，为师夷长技以制夷而作""善师四夷者，能治四夷；不善师外夷者，外夷制之"。

郭嵩焘，湖南湘阴人，生于嘉庆二十三年，曾筑室"养知书屋"，以"养知主人"自署，世称"养知先生"。1840 年鸦片战争期间，郭嵩焘亲见浙江海防之失，名不见经传的"蛮夷小国"用坚船利炮竟然把"天朝大国"打得稀里哗啦，这给他的思想以强烈的震撼。当郭嵩焘听到战争失败的消息，悲愤万分，赋诗道：老将云间歌敕勒，宗臣江畔泣离骚。杜陵偃蹇干时策，泪洒将军大食刀。

吴廷栋，清代“理学名臣”，某次朝会，咸丰帝问吴廷栋平日读什么书，吴廷栋以程、朱著作对。咸丰帝说：“学程、朱者，每多迂（腐）拘（束）。”吴廷栋答曰：非也非也。不会读书的人才这样。然后侃侃而谈，最终申明：好读、善读程、朱著作者，绝不会迂拘。吴廷栋的得意弟子——涂宗瀛，便不是一个“迂拘”的人。

黄遵宪，广东嘉应州（今梅县）人，举人出身。曾任驻日公使馆参赞及驻旧金山、新加坡总领事。1895 年加入上海强学会。次年参与创办《时务报》。1897 年署理湖南按察使，协助湖南巡抚陈宝箴推行新政，任《湘学报》督办。参与筹办湖南时务学堂、南学会，并聘梁启超主持时务学堂。与谭嗣同等主讲世界大势及政学原理，宣传变法救亡思想，探讨湖南新政事宜，主张实行地方自治。戊戌政变后，罢官回籍。善写诗，主张写诗“不名一格，不专一体”，“我手写我口”，对旧体诗进行改革。著有《人境访庐诗草》《日本国志》《日本杂事诗》等。

容闳在《西学东渐记》中提出“以西方之学术，灌输于中国，使中国日趋于文明富强之境”的教育救国的主张。他说：“政府宜选派颖秀青年，送之出国留学，以为国家储蓄人才。派遣之法，初次可限定一百二十名学额以试之。此百二十人中，又分为四批，按年递派，每年派送三十人。留学期限定为十五年。学生年龄，须以十二岁至十四岁为度。视第一、第二批学生出洋留学著有成就，则以后永定为例，每年派出此数。”

著名数学家李善兰，精于算学，不仅与他人合作，将明末利马窦、徐光启尚未译完的《几何原本》的后 9 卷译出，而且开始有系统地介绍从哥白尼到牛顿的西方古典力学体系上的近代天文学知识。

著名科学家徐寿，对数学、重学、化学、矿产、医学等均有涉猎，对制造技术尤感兴趣，他与华衡芳在安庆军械所内，共同研制轮船，相继研制出中国第一台蒸汽轮机、第一艘小火轮。曾国藩曾在《日记》中兴奋地写道："中饭后，华衡芳、徐寿所做火轮船之机来此试演……窃喜洋人之智巧，我中国人亦能为之，彼不能傲我以其所不知矣。"

曾国藩与李鸿章在一起，曾对弟子评价道："少荃天资与公牍最相近，将来建树非凡，或竟青出于蓝也未可知。"说出的既是事实，也表明自己脸上有光。而李鸿章则说："我从师多矣，毋若此老翁之善教者，其随时、随地、随事，均有所指示。"又说："从前历佐诸帅，茫无指归，至此如识指南针，获益匪浅。"师徒二人均为对方肚子里的蛔虫，心知肚明，无法相欺，一唱一和间谱就了一曲惺惺相惜的人间佳话。

曾国藩曾作《冰鉴》一书，《清史稿》称其识人"无获爽者"。容闳回忆说："一时各处军官聚于曾文正之大营者，不下二百人。……总督幕府中亦有百人左右。"

光绪十四年，康有为赴京参加当年乡试，以布衣身份上书朝廷，呼请变法维新。然在派系林立的晚清政坛谨守尊卑高下、等级森严，康有为屡屡碰壁，于是年秋黯淡地离京南返。在《出都留别诸公》五首诗中，康有为流露出愤懑、伤心和无奈，其中一首诗为：

虎豹狰狞守九关，帝阍沉沉叫不得。
落魄只为梁父吟，英雄穷暮感黄金。
治安一策知难上，只是江湖心未灰。
抚剑长号归去也，千山风雨啸青锋。

张之洞生前给朝廷留下遗疏，称"守祖宗永不加赋之规，禀古人不戢自焚之戒"；给子孙留下遗训，"勿忘国恩，勿坠家学，必明君子小人义利之辨，勿争财产，勿入下流"。

梁启超拜访张之洞，张之洞对梁启超十分倨傲，并以联语相为难。张之洞的上联："天做棋盘星做子，谁人敢下？"梁启超对曰："地为琵琶路为弦，哪个敢弹？"张之洞又出一联道："四水江第一，四时夏第二。老夫居江夏，谁是第一，谁是第二？"江、淮、河、济四条河之中，长江排名第一；春、夏、秋、冬四季之中，夏季占第二个季节；武昌古称江夏，号称九省通衢，向为湖广总督衙门驻地，踌躇满志的张之洞委婉地表达了自己以"天下第一名臣"自居。梁启超对曰："三才人在后，三教儒在前。小子本儒人，不敢在后，不敢在前！"儒、释、道三教之中，儒学排名第一；天、地、人三才之中，人排名最后，梁启超以谦虚之态表达了自己不卑不亢的态度。

谭嗣同，清末维新派政治家、思想家，字复生，号壮飞，又号华相众生、东海褰冥氏、廖天一阁主等。湖南浏阳人。父继洵，官至湖北巡抚。幼年丧母，受父妾虐待，备遭封建纲常抑压之苦。少年时先后师事欧阳中鹄、涂启先、刘人熙等浏阳学者，并结交义侠大刀王五，深受他们学术思想与行为的影响，好任侠，喜辞章，富于思想。他博览群书，研读过张载、黄宗羲、王夫之等人的著述，从中汲取了朴素唯物主义观点、强烈的民族意识和重民思想，为日后提倡变法维新奠定了某些思想理论基础。20至30岁间，为父命所迫，曾六赴南北省试，因不喜科举时文，屡考不中。在此期间，他来往于直隶、新疆、甘肃、陕西、河南、湖南、湖北、江苏、安徽、浙江、台湾等省，遨游万里，开阔胸怀视野，目睹了清朝统治腐败，灾民流离、哀鸿遍野的景象，益想奋发有为，立志救国救民，故自名"壮飞"。

唐才常与谭嗣同两人性格相近，同为浏阳人，同是欧阳中鹄的弟子，遂定"刎颈交也"。谭嗣同殉难后，唐才常悲痛欲绝，写下了"与我公别几许时，忽警电飞来，忍不携二十年刎颈交同赴泉台，漫赢将去楚孤臣，箫声呜咽"的语句。两年后，唐才常立军勤王起事失败，被张之洞擒杀，临终前写诗尚有"七尺微躯酬故友"之句。

谭嗣同著《仁学》，猛烈批判了中国两千余年来的君主专制体制，公开号召人们奋起革命，"誓杀尽天下君主，使流血满地球，以泄万民之恨"，其激烈程度之深为他人所不及。由此，梁启超感叹道："其思想为吾人所不能达，其言论为吾人所不敢言。"

19世纪，王韬写道："……天时人事，皆由西北以至东南，故水必以轮舟，陆必以火车，捷必以电线，然后全地球可合为一家。中国一变之道，盖有不得不然者焉。不信吾言，请验诸百年之后。"

庚子事变后，湖广总督张之洞在纺纱局办《楚学报》，聘章太炎主笔政。章富于革命思想，在第一期即发表排满论，凡六万言。该报总办梁鼎芬阅之大怒，大呼："反叛，反叛，杀头，杀头！"即乘轿上总督衙门，请捕章入狱，按律问罪。幸竟该报坐办王仁俊急向张为之缓颊，谓章原是个疯子，逐之可也。张允照办。梁怒无可泄，立将章拉出报社，不准带走衣物，并命轿夫四人扑章于地，以抬大轿之短杠杖其股多下，蜂拥逐之。章出报社后，由友人为之购船票，送归上海。

1913年，袁世凯向以汇丰银行为首的六国银行团搞"善后大借款"。六国银行请辜鸿铭做翻译，辜鸿铭狮子大开口，要6000银圆，银行团考虑到他是难得的语言天才，只好答应他。辜鸿铭聘期一到，就立即走人，临走时他说："所谓的银行家，就是晴天千方百计地把伞借给你，雨天又凶巴巴地把伞收回去的那种。"

民国初年，蔡元培担任中华民国第一任教育总长，教育家范源濂担任次长。他们一个偏于理想，一个注重实际，长短互补。有一次，他们在一起讨论怎么办教育。范源濂认为首先要办好小学，要自下而上办教育。他说："小学没办好，怎么能有好中学？中学没办好，怎么能有好大学？所以我们第一步当先把小学整顿。"蔡元培则反问道："没有好大学，中学师资哪里来？没有好中学，小学师资从哪里来？所以我们第一步当先把大学整顿。"争论到最后，也没有一个结果，最后，蔡元培说："你的兴趣，偏于普通教育，就在普通教育上多加一点意见。我的兴趣，偏于高等教育，就在高等教育上多参加一点意见罢了。"

1917年，梁漱溟报考北京大学没有考上。他曾经在《东方杂志》上发表《究元决疑论》一文，以近代西方学说阐述印度佛家理论。蔡元培读后，认为他功底很好，前途无量。当他得知梁漱溟没有被录取时，甚为惋惜，说："梁漱溟想当学生没有资格，就请他到北大来当教授吧！"于是，梁漱溟被聘任来北大主持印度哲学讲习。

1917年，护法运动时，章太炎任广东护法军政府秘书长。他奉孙中山之命去西南，督促军阀唐继尧接受广东护法军政府节度指挥，发兵东下，与广东护法军会合。章太炎到了昆明，发现唐继尧并无出兵之意，而且其管制下的地方，乌烟瘴气，混乱不堪。他非常气愤，于是在大白天提着灯笼，漫步街头，灯笼壳上粘贴着一张红纸，上面写着"大元帅府秘书长章"，引起不少人的围观。有人问他为什么白昼提灯，他笑着说："此地种鸦片，漆黑一片，不用照明，何以举步。"

1918年北大中国哲学系毕业时，师生在一起照相。老师坐在前排，学生们站在后排。陈独秀作为文科学长正好与该系讲师梁漱溟坐在一起。梁老师很拘束，把脚收起来放在椅子下面。陈独秀很随便，把脚一直伸到梁漱溟的前面。照片洗出来后，班长把合影照片给陈独秀送去。陈独秀一看说："照得很好，就是梁先生的脚伸得太远了一点儿。"班长回答说："这是您的脚呀。"陈独秀再仔细一看，果真如此，不由得笑了起来。

历史学家马非百于1919年考取北京大学文科，时北大有个规定：新生入学，要有一位京官担保。马非百无人担保遂给时任北大校长的蔡元培写信，尖锐地批评了京官担保这种陈规陋习的守旧与迂腐，指责这种制度与"五四"运动所提倡的民主、科学精神背道而驰。信末坚决地说："我宁愿退学，也决不低头求人！"就在马非百准备收拾返家时，他收到了蔡元培校长的亲笔回信。信中对马非百的批评意见深表赞赏，但"京官担保"的制度是经教授会议决定而制定的，不便擅改。蔡元培又说："如先生不以我为不合格，就请到校长办公室找徐宝璜秘书长代我签字。"自此马非百顺利地进入了北大。

1922年10月，时任北大教务长的胡适应邀到山东济南参加全国教育联合会议，讨论学制问题。会上，他在广州议案的基础上，参考教育部草案，拟订了"鲁案"：小学分初级4年，高级4年；中学定为6年，以三三制为基本形式。这种学制大体上确定了民国年间中小学学制的基础。1923年4月，北洋政府因胡适拟办"鲁案"有功，特地向他颁发三等嘉禾勋章。胡适坚辞不受，并且发表公开声明："我是根本反对勋章勋位的，如果那个'胡适'真的是我，还是请政府收回那个金属块吧。"

1925年，北京发生"三·一八"惨案，北京女师大学生会主席刘和珍惨遭枪杀。其未婚夫方其道写一挽联云："生死同衾，死难同穴，劳燕每分飞，六载订婚成一梦；外抗强权，内除国贼，疆场空有约，白宫溅血泣黄泉。"

1925年，《世界日报》总编辑张恨水提出辞职，安徽吴范寰便向社长成舍我推荐还在北京平民大学新闻系就读的张友鸾。张友鸾到职后，成舍我见他还是个二十刚出头的青年，很不信任，便挽留张恨水留任，而在三天后把张友鸾辞退。张友鸾不服，当即写信大骂成舍我，说他"狐埋狐搰，反复无常"。成舍我一见此信，非但不气，反而大喜过望，此人虽然出言不逊，但此信却骂得痛快，文章写得漂亮，很切中要害，有才气，此人非用不可！于是将张友鸾请回，任该报社会版编辑。过了一年，张恨水离职，张友鸾继任总编辑。

有一年，清华大学入学考试时，国文科考试题材为对对子，其中有一题，题目为“胡适之”，一位考生对以“孙行者”，可谓是天衣无缝，各方叫好。后来北平《晨报》记者赵效沂专程到北大找胡适，请教他对上述对子有什么看法。胡适先是称赞那位考生对得妙，接着不以为然地说：“大学入学考试对对子，要不得。”

语言大师赵元任与杨步伟的结婚仪式超乎想象地简单。结婚那天，他们只请两位朋友来家吃饭，一位是杨步伟的同学朱征，一位是赵元任的同学胡适。但事先胡适与朱征并不知道今天是他们的婚礼。饭后，赵元任说有事要请二位帮忙，说罢就拿出一张自己写好的结婚证书，请他俩签名做证人。就这样简简单单地，赵元任与杨步伟结成了夫妻。

1926年，梁启超推荐陈寅恪到清华国学研究院任教，当时的清华校长曹云祥不认识他，就问梁启超：“陈寅恪是哪个国家的博士？”梁启超回答：“他不是博士。”曹云祥再问：“那他有什么著作？”梁启超回答：“没有。”曹云祥于是说：“既非博士，又没有著作，怎么请来当教授？”梁启超闻言微笑地说：“我已算著作等身了，但全部作品加起来，还不及陈寅恪的几百个字有价值！”接着，他又提出德、法等国一些名教授对陈寅恪的推崇。曹云祥心想：既然外国人都称赞陈寅恪，应该错不了！于是便把陈寅恪请进了清华。

“四一二”反革命政变后，许多政治犯被国民党政府关押在上海漕河泾监狱。那时，上海佛教和天主教人士轮流来狱中宣传各自的教义。佛教会来宣扬佛教时，对当时关押的数百政治犯人及3000余刑事犯，每人加三角油豆腐两只，再加黄豆芽，或者海带每人一份。天主教跟着竞争，给信仰天主教的犯人也每月每人增发红烧牛肉一大块或两小块。犯人为多吃到一份伙食，就变成既是佛教徒，又是天主教徒了。

1927年，北伐军何应钦攻克福建，蔡元培、马叙伦等代表浙江人民欢迎北伐军早日进浙。何应钦设宴款待蔡元培、马叙伦等人，并介绍苏联军事顾问蔡列班诺夫与他们认识。苏联顾问当即送上中国式名片，蔡元培接过名片之后，笑着说："原来是本家。"

蔡元培担任中央研究院院长后，应酬较多，开销较大。他的部属眼见院长的开销快超出薪水了，就在原来的薪水之外，多加了200元。等蔡元培领到薪水后一算，多了200元，很奇怪，就去问主管发薪的人到底是怎么回事。当他知道原因后，当场就把多余的钱退了回去，并召集部属开会说："一切要按规定办理，生活苦些不要紧，但守法必须要严格做到！"

1929年，柳亚子在上海惊悉社会传闻：毛润之（毛泽东字润之）"遭到不幸"，柳亚子惜痛之余感怀与之共助孙中山的革命事业而缔结的情谊，写了一首七律来表达哀思："神烈峰头墓草青，湖南赤帜正纵横。人间毁誉原休问，并世支那两列宁。"后来他经多方证实毛润之遭到不幸确系传闻，得知毛泽东现在正在反抗蒋介石的"围剿"，遂作诗寄援毛泽东："本原门下亦寻常，脱颖如何竟处囊？十万大军凭掌握，登坛旗鼓看毛郎。"

抗战时期，剧作家于伶过37岁生日，重庆进步文艺界的朋友都前往祝贺。乔冠华用其创作的《长夜行》《花溅泪》《杏花春雨江南》《大明英烈传》四个剧名赋成一首七绝："长夜行人三十七，如花见泪口吞声。至今江南春雨日，英烈传奇说大明。"众人听后大为赞扬，郭沫若听了感觉其调子低沉、意气不振，有亡国之音。他稍加思索，更改了个别词语，又把诗句次序稍作改动，于是朗诵道："大明英烈见传奇，长夜行人路不迷。春雨江南三七度，杏花见泪发新枝。"

抗战胜利后不久，徐悲鸿与廖静文在重庆中苏文化协会举行婚礼，证婚人是郭沫若和沈钧儒。参加婚礼的来宾很多，但徐悲鸿与廖静文两人早已声明概不受礼。于是，在五彩缤纷、鲜花点缀、喜气洋洋的会场上，郭沫若挥毫赋诗道："嘉陵江水碧于茶，松竹青青胜似花。别是一番新气象，盘溪风月画人家。”

抗战胜利后，国民党发动内战，导致物价飞涨，民不聊生。1947年间，郭沫若居住上海，时经济面临崩溃，人民生活苦不堪言。他所写行草书法为世人所钟爱，为了贴补家用，于七八月间在沪刊布“郭氏鬻字条例”如下：直幅每尺八万元；对联按尺自十二万元至二十四万元；扇面每件十万元；题签每件五万元；招牌每字自三万元至十二万元；墓题每件三十万元。并言价金先惠，点品不应，约期取件，期促不应。收件处为九华堂、荣宝斋西泠印社等笺庄及上海群益出版社。

1933年，北京新闻界同行为张恨水夫人在宣外大街的江西会馆做寿，并唱京戏助兴。在演出《乌龙院》时张恨水也参加其中，扮演的是押司张文远。剧中插科打诨，阎婆惜问宋江：“这张文远是谁呀？”宋江答道：“乃是我徒弟。”阎说：“你徒弟是个有名的小说家呀！你怎么没有成名呢？”台下掌声不绝，因台词超出了剧情范围，观众都担心宋江无词可对，可宋江却从容不迫地答道：“有道是，有状元徒弟，无状元师傅啊！”

1933年，英国作家萧伯纳应邀来到中国。他与鲁迅见面时风趣地说：“你以为我真姓萧，我是姓费。”鲁迅知其意，对他说：“我看你是既姓萧，又姓费（指费边社）。但我相信，你终究只会姓萧，不会姓费的，因为费边主义不会有出路。”鲁迅又接着说：“我呢，既姓周，名叫周树人；又姓鲁，名叫鲁迅；可我还有第三个姓，那就是姓社，名字叫社会主义。我将来可以不姓周和鲁，而是姓社，因为社会主义一定会胜利。”

刘半农作词、赵元任作曲的一首《教我如何不想她》，是“五四”时期最脍炙人口的歌曲。1934年，刘半农考察内蒙古得了可怕的回归热，回北平后医治无效身亡，噩耗传来，赵元任悲痛不已，他回忆起往事久不能平静，于悲伤处写下：十载凑双簧，无词今后难成曲；数人弱一个，叫我如何不想他。

田汉特别爱唱京剧中《击鼓骂曹》的唱段。1928年春，南国艺术学院初创时，他一天到晚都在唱，其中有一段是：平生志气运未通，如蛟龙困在潜水中。有朝一日风雷动，得会风云上九重。这一段的唱词豪迈，唱腔高亢，时中国政局正值大革命失败，白色恐怖笼罩全国时期，由此可见田汉是用此唱词来发泄自己的心情。

谢冰心和谢冰莹是一对蜚声我国文坛的“双子星座”，但她们却不是亲姐妹。1943年，抗战期间，冰莹在四川成都教书。此时，冰心正好从重庆到成都讲学，于是，冰莹托友人给冰心捎去口信：“请你专程代我问问家姐，什么时候有空，我好专门去拜访她。因为我听说家姐很忙，且生活很有规律，我不敢贸然前去打扰。”冰心很快回话说：“请转告舍妹，待我忙完这一段，我一定去看望她。”传达这话的人莫名其妙地问道：“你们既然是亲姐妹，为何这般客气？”冰莹笑道：“我们是从没有见过面的‘亲姐妹’。”一天，冰莹得知冰心在战时迁往成都的燕京大学讲学，便专程去听讲。等冰心讲完后，冰莹便走上讲台，紧紧握着冰心的双手说：“姐姐，妹妹冰莹来看你来了！”冰心感动得热泪盈眶，说：“自从读了你的《从军日记》，一直想见你这位倔强的妹妹，今天终于见到了！”

1935年2月21日，陶行知和李公朴同去参加萨空了的婚礼。来宾要新娘、新郎报告恋爱经过，萨空了涨红了脸不肯说。陶行知出来为他解围道：“今天空了先生结婚，恋爱成功，要他谈恋爱经过，已经不合时宜了。大家一定要听，我这儿有一首诗，是我和李公朴合作的，代空了向各位报告恋爱经过。大家说怎么样？”来宾鼓掌叫好。于是陶行知朗声念道：空不空，了不了，何处去，不知晓。什么时，半夜了。什么事，找大嫂。什么人，看中了。舍不得，来回绕。亲个嘴，快活了。人听见，不得了。逃回来，天明了。失了眠，疲倦了。开常会，迟到了。被警告，糟糕了。快行礼，正式了。十个月，添宝宝。红鸡蛋，管吃饱。宝宝大，空了老。空不空，了不了。献祝词，李与陶。

大家唱，哈哈笑。

陶行知和吴树琴婚后生活艰苦而愉快，陶行知整天忙得不可开交，吴树琴则承担了全部家务，陶行知对妻子的辛劳很是感激，就写了一首滑稽诗和夫人开玩笑，诗云：太太做佣人，佣人做太太，彼此轮流做，我看很不坏。先生说话太奇怪，怎对佣人称太太？倘使太太不高兴，打破饭碗把你怪！吴树琴看了这首诗，假装嗔怒地把陶行知打了一顿，夫妻俩都乐得笑弯了腰。

1936 年马寅初住在杭州时，经常带着他的儿子去澡堂洗澡，因此与澡堂里的服务员混得很熟。服务员见马氏父子夏天穿的背心总是有洞，冬天穿的长袍也很破旧，忍不住疑惑地对马寅初说："马先生是省府委员，经济学博士，还穿这么破旧的衣服？"马寅初风趣地说："夏天背心的破洞穿着很凉快。"又说，"衣服的作用在于保暖，新旧没有什么关系，只要能穿就行，不必讲究！"

1944 年春天，熊十力的弟子李耀先应约前来拜见熊十力，在老师家里盘桓了三日之久。在此期间，师生交谈为学做人之心得，气氛很是融洽。在第三天早上用餐之际，师母为李耀先端来一大碗汤圆，计有 10 个之多。李耀先一口气吃了 9 个，感到胃不行了，但是残留在碗里的汤圆让他觉得不礼貌，遂勉强又吃了半个，后面半个实在吃不下去了。正在为难之际，坐在上方的熊十力勃然大怒，猛拍桌道："你连这点儿东西都消化不了，还谈得上作学问，图事功！"李耀先猛然大惊，不觉汗流浃背，顿时冒出一股勇气，吞下了最后半个汤圆。事后，李耀先感悟到老师的做法与禅宗"棒喝教人"实属同类。

时任中央研究院副院长的杨杏佛曾邀请胡适到自己家中小酌，不料那天，杨外出有事，胡适在杨的家中等了半天不见其返回，疑心在耍自己，心中愤忿，遂留诗而去。杨素来鼻子较大，在院里有"杨大鼻子"的绰号，于是胡适就以杨的大鼻子为题，写了一首打油诗曰："大鼻子恒有，惟君大得凶！平垂一宝塔，倒挂双烟囱。接吻全无份，闻香大有功。江南一喷嚏，江北雨濛濛。"等到杨杏佛归家读到其诗后，就写了一封信回复胡适先生说："君移驾赏光，实为荣幸，弟以要事外出，而致失约，即愤而以大鼻子讥之，试问失约之罪，与大鼻子何干，君何不察耶。"

1947年，南京政治大学邀请北京大学校长胡适先生讲演，出现在讲台上的胡适，约50多岁，身材高大，留西式发型，鼻梁上架着近视眼镜，五官端正，容光焕发，文雅中兼有几分英俊，着浅蓝色的长袍，确有大学者的气派。会场上有人在窃窃私语："胡先生胖了，胡先生胖了。"不料这话被台上的胡适听见了，所以他开头就讲："我最近到南京来开会，住了些时日，南方的大米饭是比北方的麦面好吃，营养又好，所以不觉胖了点。"胡适幽默的开场白把大家都逗笑了。

北京大学在蔡元培当校长前，开校务会议时，多半讲英语。特别是预科教务会议，全部讲英语，不懂英语的中国教授只好像聋子一样坐在那里，真是痛苦万分。蔡元培到北大后，特别提议，开校务会议发言一律改用国语。外国教授反对地说："我们不懂中国话。"蔡元培针锋相对地回答说："假如我在贵国大学教书，是不是因为我是中国人，开会时你们就说中国话！"从那以后，北大开会发言，一律讲国语。

章太炎的弟子从欧洲学成回国，来拜见老师。见面后，他谈论西方的科学实验，强调说一切事物必须亲眼看到，才算真实可靠。章太炎听后，很不高兴地问："你有没有曾祖？"弟子回答："老师，我怎么会没有曾祖呢？"章太炎说："那么，你看到过你的曾祖吗？"

一次，章太炎写条子让仆人买肉做羹，但是仆人跑遍了整个苏州城内各个肉店，最后两手空空回到家中。章太炎问为什么两手空空而归，仆人说："你写的字，他们看了都说没有。"原来是他写的字潦草，将“肉”字写得与“月”字一样了。

梁启超在北京师范大学教《中国文化史》的课程时，有一次上课，正巧学校和清华大学举行篮球比赛，旁听生和一部分选课的学生被吸引去了球场。梁启超到教室之后，看见稀稀落落的几十人，很不高兴。便问：“他们去哪里了？”有同学回答：“看球赛去了。”梁启超对此大发感慨地说：“做学问不如打篮球好玩……你们，不，他们不是要跟我做学问，只是要看看梁启超，和动物园的老虎大象一样，有的看一次就够了，有的看两三次就够了。不过我并不失望，不要多，只要好，我在时务学堂，也只有40来个学生，可是出来了蔡松坡、范源濂、杨树达等，一个顶一个的！”说完，他恢复了常态，更起劲地讲了下去。

许广平在北京女子师范大学就读期间，鲁迅是他的老师。有一次，许广平写了一篇题为《罗素的话》的论文，请鲁迅批阅。鲁迅看过之后，在论文后面写下：“拟给九十分，其中，有你五分（抄三分，末尾几句议论二分），其余八十五分都给罗素。”

鲁迅在厦门大学任教期间，经常是几个月才理发一次。有一天，他去理发，理发师见他长发垂耳，衣着寒酸，便随便给鲁迅剪了一下。剪完后，鲁迅随手抓了一把铜圆，数也未数，就塞给了理发师，然后扬长而去。理发师一数，发现价钱多了几倍，心中惊喜。过了一段时间，鲁迅又来这家店来理发。理发师认出是上回出手大方的人，对他很是殷勤，又倒茶又敬烟的，而且对头发是精心修剪了一番。剪完后，鲁迅按照价格如数付款，一分钱也没有多给。理发师非常诧异，问：“为什么上一次给的那么多，这一次这么少呢？”鲁迅答道：“上次你给我乱剪，我付钱也就乱付；这次你认真地理发，我自然也就认真地按规矩给钱了！”

鲁迅在广州大学执教时，一些进步学生创办了“新中国”文学社，希望鲁迅给他们的创刊号撰稿。鲁迅说：“文章还是你们自己先写，我以后再写，免得有人说鲁迅来到广州就找青年来为自己捧场。”进步学生们说出了原因，道：“我们都是穷学生，如果刊物第一期销路不好，就不一定有力量出第二期了。”鲁迅听了，风趣而又严肃地说：“要刊物销路好也很容易，你们可以写文章骂我，骂我的刊物也是销路好的。”学生们不禁笑了起来。

有一天，鲁迅与日本友人、上海内山书店老板内山完造闲谈。鲁迅笑着问内山：“老板，孔老夫子如果此时还活着的话，那么，他是亲日呢，还是排日呢？”内山想了一想说：“大概有时亲日，有时排日吧？”

抗战时期，在重庆大学商学院任院长的马寅初经常发表文章抨击时政，这让国民党政府大为头疼。一次，蒋介石召见重庆大学校长叶元龙，对他说：“下星期四你陪马寅初到我这里来，我要当面跟他谈谈。他是长辈，又是同乡，总要以大局为重！”马寅初知道后说：“叫校长陪着我去见他，我不去！让宪兵来陪着我去吧！”又说，“文职不去拜见军事长官。没有这个必要！见了面就要吵嘴，犯不着！再说，从前我给他讲过课，他是我的学生。学生应当来看老师，哪有老师去看学生的道理？他如果有话说，就叫他来看我！”蒋介石知道后，很生气却又无可奈何，只好对校长说：“我是想同他谈谈经济问题。你回去告诉他，以后有时间，随时都可以来找我。”但马寅初终不见蒋介石。

熊十力在重庆北碚勉仁书院任教时，陈铭枢请他吃饭，所在的饭馆背山面江，风景优美。两人坐在靠窗的位置上，熊十力不时地朝着窗外看江面风景，而陈铭枢却看也未看。席间，熊十力问陈铭枢：“你为什么不看看风景？”陈铭枢出乎意料地答道：“你就是很好的风景。”熊十力立刻重复了一遍：“我就是风景。”然后两人哈哈大笑起来。

蒋介石过五十大寿时，特地邀请熊十力参加生日宴会，想利用他的威望来炫耀自己的功德。在宴会上，许多政要显贵纷纷写贺词来吹捧蒋介石。熊十力冷眼旁观，羞与为伍。在一阵狂饮之后，他挥毫疾书一首怪诗：脖子长着瘪葫芦，不花钱买篦梳，虮虱难下口，一生无忧，秃秃秃，净肉，头。

黄侃讲授《说文解字》时，学生都觉得晦涩难懂。因此，每次期末考试，都有学生不及格。后来，听他上课的学生就凑钱办了一桌酒席，请黄侃赴宴，他欣然前往。而当期末考试时，学生们没有一个不及格的！校长蔡元培知道这件事情后，责问他为何违反校规，吃学生的宴请。黄侃回答道："他们这帮学生还知道尊师重道，所以我不想为难他们。"

黄侃才华横溢，文思敏捷过人，凡领教过的人都为之佩服。有一次，有人请他代写一篇碑文，约好五六天后来取。可一连过了四天，他都没有动笔。直到第五天，取碑文的人来了，他才让弟子研磨铺纸，并吩咐把纸打好格。格打好之后，他挥毫一蹴而就，连上下款带正文，刚好写到最后一格，一字不差。

黄侃受聘于南京中央大学时，与校方有"三不来"之约，即"下雨不来，降雪不来，刮风不来"，人称"三不来教授"。因此，学生每逢刮风下雨就以黄老师来不来学校上课为谈笑。有的同学还戏言道："今天天气黄不到。"

陈寅恪刚到清华任教时，还没有婚娶，单身一人，学校便安排他住在工字厅中的单身宿舍。但是他嫌冷清，不愿意住，就搬到赵元任家里，一切都由赵元任夫妇管。他经常说的一句话是："愿意有个家，但不愿成家！"这样的状况维持了很长一段日子。陈寅恪安之若素，赵元任夫妇也毫无怨言。有一次，陈寅恪和赵元任夫妇闲聊，杨步伟说："寅恪，你这样下去总不是事。"陈寅恪回答说："虽然不是永久之计，现在也很快活嘛。有家就多出一大堆麻烦事了。"赵元任开玩笑地说："不能老让我太太管两个家啊！"

言论第十三

咸丰元年七月十二日曾国藩谈立志，曰：“座右为联语以自箴云：‘不为圣贤，便为禽兽；莫问收获，但闻耕耘。’”

咸丰元年八月初一日曾国藩谈修身，曰：“盗虚名者有不测之祸，负隐匿者有不测之祸，怀忮心者有不测之祸。”

曾国藩在家书中说：“吾辈读书，只有两事：一者进德之事，讲求乎诚正修其之道，以图无忝所生；一者修业之事，操习乎记诵词章之术，以图自卫其身。”

林则徐严禁鸦片的决心：“若鸦片一日未绝，本大臣一日不回，誓情形此事相始终，断无中止之理！”

詹天佑为中国铁路事业做出了卓越的贡献，他负责设计京张铁路的人字形段震惊中外。临死前赠给青年工程师的四句话：“策划须详，临事以甚，精研学术，以资发明。”

李鸿章看了自己辛苦筹建的北洋海军的操练，大为得意地说：“综合海军战备，尚能日新月异，目前限于饷力，未能扩充，但就渤海而言，已有深固不摇之势。”

在清代，翰林步行几乎成了街头一景。某翰林《家眷进京》诗云："有屋三间开宅子，无车两脚走京官。"京师有俗谚云："上街有三厌物，步其后有急事无不误者，一妇人，一骆驼，一翰林也。"

曾国藩对他的儿子曾纪泽说："我这辈子打了不少仗，打仗是件最害人的事，造孽，我曾家后世再也不要出带兵打仗的人了。"

曾国藩对自己评价道："吾生平短于才。爱我者或谬以德器相许，实则虽曾任艰钜，自问仅一愚人。幸不以私智诡异凿其愚，尚可告后昆耳。"

千军易得，一将难求。曾国藩说："文士游从，往往不乏，唯将才殊难其选。"胡林翼说："天下人最多，将才最少。"左宗棠也说："选将之难，古今同慨。"

清末学者夏震武曾说道："合肥（李鸿章）、南皮（张之洞）一生所为，其规模皆不出湘乡（曾国藩）。世徒咎合肥、南皮之误国，而不知合肥之政术、南皮之学术始终以湘乡为宗，数十年来朝野上下所施行，无一非湘乡之政术、学术也。"

关于选才的方式，曾国藩说："求人之道，须如白圭之治生，如鹰隼之击物，不得不休；如蚨之有母，雉之有媒，以类相求，以气相引，庶几得一而可得其余。""世人聪明才力不甚相悬，此暗则彼明，此长则彼短，在用人者审量其宜而已。山不能为大匠别生其木，天亦不能为贤主更出异人。"胡林翼说："国之求才，如鱼之求水，鸟之求木，人之求气，口腹之求食。无水无木无气无食则一日不安，日即于亡，得水得木得气德食则生。此理至明，人自不察耳。"又说："天下无不可造之才。"

关于人才，胡林翼说："治理之要，贤才为本。苟不知求贤，即劳心焦思亦属废事。”“国家之强，以得人为强。”“至于用人一节，实为万事根本。”曾国藩说：“行政之要首在得人。”

关于人才和理财之道，胡林翼说：“理财之道，仍以得才为先。得一正士，可抵十万金。”曾国藩说：“湖北军务迭兴，兵事饷事惟在得人。”

民初，杨度任袁世凯总统府政事堂少卿参政，竭力鼓吹君主立宪，实行帝制。1914年初，他在《君宪救国论》中提出：“中国如不废共和，立君主，则强国无望，富国无望，立宪无望，终归于亡国而已……故以专制之权，行立宪之业，乃圣君英辟建立大功大业之极好机会。”袁世凯对此文大加赞赏，誉为“至理名言”，亲书“旷代逸才”，由政事堂制成匾额，赐赠杨度，勖勉有加。

在孙文当选临时大总统时，一向与孙不睦的章炳麟不以为然地说：“孙文的位置论功应属黄兴，论才应属宋教仁，论德应属汪精卫。”

袁世凯欲称帝，已在社会上传得沸沸扬扬，而当时政局纷纷扰扰，王闿运心有感触，写了一副对联，其联曰：民犹是也，国犹是也，无分南北；总而言之，言而总之，不是东西。

1916年元旦袁世凯正式登基为“洪宪皇帝”前，北京的警卫厅通知全市卖元宵者，改元宵为汤圆，袁世凯的亲信认为“元宵”音同“袁消”，于新皇帝不吉。景定成对此作诗云：

偏多忌讳触新朝，良夜金吾出禁条。
放火点灯都不管，街头莫唱卖元宵。

袁世凯称帝后，改国号为“中华帝国”，以1916年为“洪宪元年”，当时有人以“洪宪”二字作一嵌字的讽世联，其联如下：

洪水横流，淹没汉、满、蒙、回、藏；
宪章文武，尽是公、侯、伯、子、男。

袁世凯死后，时下流传一副对联：起病六君子，送命二陈汤。“六君子”指的是筹安会的杨度、孙毓筠、严复、刘师培、李燮、胡瑛这6个人；“二陈汤”则指陕西的陈树藩、四川的陈宧和湖南的汤芗铭，他们都是袁世凯的心腹，后来都响应护国军而倒袁。

梁启超说：“袁氏之办事也从不肯信任正当之公机关，而必须设特种之私机关以阴持之。”

李大钊说：宇宙“大实在的瀑流永远由无始的实在向无终的实在奔流。”“宇宙大化之流行，盛衰起伏，循环无已，……健壮之前有衰颓，老大之后有青春，新生命之诞生，固常在累累坟墓之中也。”因此，“青年锐进之子，……立于旋转簸扬、循环无端之大洪流中，宜有江流不转之精神，屹我独立之气魄，冲荡其潮流，抵拒其势力，以其不变应其变。”“青年之自觉，一在冲决过去历史之网罗，破坏陈腐学说之囹圄，勿令僵尸枯骨，束缚活泼泼之我。”“一在脱绝浮世虚伪之机械生活，以特立独行之我，立于行健不息之大机轴。袒裼裸裎，去来无挂，全其优美高尚之天。”

孙中山是一个美食家，他在其《建国方略》中，对中国烹调艺术，大加赞美。他说：“烹调之术本于文明而生，非深孕于文明之种族……则辨味不精；辨味不精，则烹调之术不妙也。中国烹调之术之妙，亦足以表明进化之深也。我中国近代文明进化，事事皆落人之后，惟饮食一道之进步，至今尚为文明各国所不及。”

梁启超说：自杀这个事情，在道德上很是问题：依欧洲人的眼光看来，这是怯弱的行为；基督教且认作一种罪恶。在中国却不如此，许多伟大的人物有时以自杀表现他的勇气。孔子说：“不降其志，不辱其身，伯夷叔齐欤！”宁可不活，不肯降辱；本可不死，只因既不能屈服社会，亦不能屈服于社会，所以终究要自杀。伯夷叔齐的志气，就是王静安先生的志气！违心苟活，比自杀还更苦；一死明志，较偷生还更乐。所以王先生的遗嘱说："五十之年，只欠一死。经此世变，义无再辱。"这样的自杀，完全代表中国学者"不降其志，不辱其身"的精神；不可以欧洲人的眼光去苛平乱解。

浦清江说："徐志摩之为人为诗，皆可以'肉麻'二字了之。"

陈平原说："有其位者不一定有其识，有其识者不一定有其位；有其位有其识者，不一定有其时——集天时地利人和于一身，才可能有蔡元培出掌北大时之挥洒自如。"

郭绍虞说："闻一多是'疾恶如仇'，朱自清是'从善如归'。"

梁实秋说："鲁迅的文章实在是写得好，老实讲，在左派阵营里，还很难再找出第二个像他这样的人才……"

鲁迅说刘半农"浅如清溪"。

冯玉祥说："我在当小孩的时候一点儿也不知道上进，就只知吃喝，现在感到非常的后悔。幸而得到三位先生（指老舍、何容、老向）的教导。希望你们不要嫌我这个愚钝的学生，多多费心指点才好！"

徐悲鸿说："张大千，五百年来第一人也。"

郭沫若说："殷墟的发现，是新史学的开端；王国维的成绩，是新史学的开山。"

刘半农曾说："我是怎样一个人，在文章里就还他怎样一个人……看我的文章，也就同我对面谈天一样，我谈天时喜欢信口直说，全无隐饰，我文章中也是如此；我谈天时喜欢开玩笑，我文章中也是如此。你说这些都是我的好处罢，那就是好处；你说是坏处罢，那就是坏处；反正我只是这样的一个我。"

马宗融没什么时间观念。朋友们与友人定约会的时候，若说随便什么时间，早晨也好，晚上也好，反正一天之中什么时候来都可以，于是便说“马宗融的时间吧！”

张伯苓身材高大。宁恩承说：“许多知名人如拿破仑、张作霖、袁世凯等均身材短小。他们的知名度和他们的身躯不成比例。唯张伯苓先生的伟大表里如一。心胸伟大，勋功伟大，他的身躯也伟大。他身高六尺三寸，体重二百五十磅。声如洪钟，走在一般人群之中，诚如鹤立鸡群。在南开校园中，与同事伉乃如、喻传鉴、孟琴襄一同行走，好像一位幼稚园先生率领几个小孩。实际上喻、伉、孟三先生均是五尺多高的常人。唯伯苓先生身材高大，魁梧奇伟，出人头地，把其余的人显得渺小了。他坐在演讲台上，其他同坐在台上之人亦显得微小。例如和顾维钧、梁启超或汪精卫同坐一个讲坛之上，只有张先生是唯一大人物，其他人均显得很微小。”

林语堂说：“鲁迅所持非丈二长矛，亦非青龙大刀。乃炼钢宝剑，名宇宙锋。是剑也，斩石如棉，其锋不挫，刺人杀狗，骨骼尽解。于是鲁迅把玩不释，以为嬉乐，东砍西刨，情不自已，与绍兴学童得一把洋刀戏刻书案情形，正复相同。故鲁迅有时或类鲁智深。故鲁迅所杀，猛士劲敌有之，僧丐无赖，鸡狗牛蛇亦有之。鲁迅终不以天下英雄死尽，宝剑无用武之地而悲。路见疯犬，癞犬，及守家犬，挥剑一砍，提狗头归，而饮绍兴，名为下酒。此又鲁迅之一副活形也。”

鲁迅说：“半农的活泼，有时颇近于草率，勇敢也有失之无谋的地方。但是，要商量袭击敌人的时候，他还是好伙伴，进行之际，心口并不相应，或者暗暗的给你一刀，他是决不会的。倘若失了算，那是因为没有算好的缘故。”

1918年7月，李叔同正式出家。李出家后，自认“拙于辩才，说法之事，非其所长；行将以著述之业终其身耳”。

吴锡泽回忆说:“顾(颉刚)先生常对我说:‘文不必求多,如能有一二篇传得下去,便算的上是不虚此一生了。’从他这种口气中,不难推知顾先生之为学,本是重精不重博,实则不博不足为顾先生病,仅有精的一点来说,已足使顾先生在学术上占有重要的地位了。”

天性浪漫的徐志摩与陆小曼结婚后,陆小曼经常告诫他不要接近女性,久而久之,徐志摩也牢骚满腹,陆小曼振振有词地说:“茶杯是不能拒绝茶壶斟茶的,我要你不是茶壶而是一支牙刷,只许给我一个人用,你有看过共享牙刷的吗?”

著名小说家郁达夫在1924年受聘到安徽法政专门学校任教,他提出三个征求异性伴侣的条件:一是年纪要大一点的,二是要丑一点的,三是要没人爱的。

第一次世界大战结束了,蔡元培满怀信心地说:“现在世界大战争的结果,协约国占了胜利,定要把国际间一切不平等的黑暗主义都消灭了,必用光明主义来代替他。”

胡风看了萧红的《生死场》后说:“我们看到了女性的纤细的感觉,也看到了非女性的雄迈的胸襟。”

叶公超曾任西南联大的外文系主任,杨振宁曾上过他的英文课。杨振宁后来说:“叶教授的英文课很糟糕。他对学生不感兴趣,有时甚至要捉弄我们。我不记得从他那里学到了什么东西。”

关于“五四”之际“白话”与“文言”之争,蔡元培说:“我敢断定白话派一定优胜,但文言是否绝对的被排斥,尚是一个问题。照我的观察,将来应用文一定全用白话,但美术文(指有艺术性的美文)或者有一部分仍用文言。”

对于“五四运动”，蔡元培说，他从来无意鼓励学生闹学潮，但学生们示威游行，“出乎爱国热情，实在无可厚非。”

梁实秋曾评价“五四运动”说：“五四运动原是一个短暂的爱情运动，热烈的，自发的，纯洁的，很快就过去了。可是年轻的学生们经此刺激震动而突然觉醒了。”“五四往好处一变而为新文化运动，往坏处一变而为闹风潮。”

鲁迅曾经沉痛地说：“外国用火药制造枪弹御敌，中国却用它做爆竹敬神；外国用罗盘针航海，中国却用它来看风水；外国用鸦片治病，中国却拿来当饭吃。”

闻一多在谈及“五四运动”时说：“但要不是幼稚的话，当时也不会有五四运动了。青年人是幼稚的，重感情的，便是青年人的幼稚病，有时也并不是可耻的，尤其是在一个启蒙的时期，幼稚是感情的先导，感情一冲动，才能发出力量。”

王云五说：“出版事业如同开饭馆，要饭馆出名，就必须要有名厨。厨师比饭馆老板还重要。他要有支配饭馆饮食的全权，这样才能端出精美的菜肴。而出版人最好是读书人，书读得要广，未必要专，这样才能推出各类可读的书。”

王国维自沉于昆明湖。周作人说，这是因为他晚年性情与学问和环境相冲突，非这样结局不可。浦江清说，不对，他的自沉乃是超脱人生，超脱学问的大解脱。而陈寅恪认为，眼见中华文化沉沦，而被这种沉沦中的文化“化”了的人，必将随之而消亡。毋宁则说，这是时代的悲剧，社会的悲剧，文化的悲剧。

林语堂说：“做文人要带点丈夫气，带点胆量。说自己胸中的话，独抒己见，不随波逐流，这就是文人的身份。”他又说：“文章做不好没有关系，人却不能做不好。我觉得看一个文化，就要看在这个文化里长大的人是变成怎么样的丈夫和妻子，父亲和母亲。比较之下，所有其他的成就——艺术、哲学、文学和物质生活——都变得毫不重要了。”

徐志摩承认恋爱是可遇而不可求的，但他不能不去追求。他说：“我将于茫茫人海中访我唯一灵魂之伴侣；得之，我幸；不得，我命，如此而已。”

1924年4月10日，辜鸿铭应日本大东文化协会之邀，赴日进行巡回学术讲演，其在日讲辞被辑为《辜鸿铭讲演集》。1927年秋，辜鸿铭归国，临行前书赠大东文化协会干事长萨摩雄次：“又要忠，又要孝，又要风流，乃为真豪杰；不爱财，不爱酒，不爱夫人，是个老头驼。”

《大公报》创始人胡霖说：“蒋介石的再婚，是一项有预谋的政治活动。他希望藉此赢得孙逸仙和宋子文的支持……蒋介石也开始觉得有必要寻求西方的支持。娶美龄为妻后，他便有了与西方交涉的‘嘴巴与耳朵’。此外极力推荐子文是一个财政专家。但如果说蒋介石不爱宋美龄，是不公平的。蒋介石显然把自己看成英雄，在中国历史上，英雄爱美人是天经地义的事。为了政治上的考虑，蒋介石什么事都做得出来。”

1925年11月22日，奉系大将郭松龄在滦州誓师反奉，让他的顶头上司张作霖处境危险。北京《京报》将交战双方的主帅的照片并排印在报纸上，其中张作霖照片下写着“马贼头目张作霖”，郭松龄的照片下则写“东北省救主郭松龄”。

1927年，王国维在颐和园昆明湖投水自尽。陈寅恪无尽悲伤，挽其曰：“十七年家国久魂销，犹余剩水残冰，留于累臣供一死；五千卷牙签新手触，待检玄文奇字，谬承遗命倍伤神。”

罗家伦评论傅斯年说：“孟真贫于财，而富于书，富于学，富于思想，富于感情，尤其富于一股为正气而奋斗的斗劲。”

林徽因读了萧乾的短篇小说《蚕》后，非常欣赏。特意邀请尚在燕京大学读书的萧乾来家中做客。林徽因对年少的萧乾给予了热情的鼓励，说：“用感情写作的人不多，你就是一个。”

鲁迅在悼念刘半农时说：“假如将韬略比作一间仓库罢，独秀先生的是外面竖一面大旗，大书道：‘内皆武器，来这小心！’但那门却开着的，里面有几支枪，几把刀，一目了然，用不着提防。适之先生是紧紧的关着门，门上粘一条小纸条道：‘内无武器，请勿疑虑。’这自然可以是真的，但有些人，至少是我这样的人，有时总不免要侧着头想一想。半农是令人不觉其有武库的一个人。所以我佩服陈胡，却亲近半农。”

1934 年，徐悲鸿在莫斯科国立博物馆举办画展，他应邀当场为观众作画，很快，一匹势不可挡的奔马便跃然纸上。当时，素有爱马之癖的苏联骑兵元帅布琼尼也在观众群里，他郑重地请求徐悲鸿将那张画赠给他。徐当即答应。布琼尼高兴得像打了个胜仗似的，和徐悲鸿热烈拥抱，并大声称赞道：“徐先生，你不仅是东方的一支神笔，也是属于世界的一支神笔。你笔下的奔马，比我所骑过的那些战马更加奔放、健美！”

宋庆龄曾强烈反对宋美龄与蒋介石结婚。1940 年，宋庆龄在香港对美国记者斯诺说，蒋介石与宋美龄的婚姻，“一开始并无爱情可言，不过我想他们现在已有了爱情，美龄真心诚意地爱蒋，蒋也真心诚意地爱她。如果没有美龄，蒋会变得更糟糕。”

据说宋家的三个女儿当中，老大宋霭龄爱钱，所以嫁给了孔祥熙；老二宋庆龄爱国，所以嫁给了孙中山；老三宋美龄爱权，所以嫁给了蒋介石。

巴金写了《爱情三部曲》后，人们都以为他是“言情专家”，其实并非如此。对于男女关系，他常说：“最聪明的办法是机会来时，避开机会，只有糊涂人才去找机会。”

鲁迅讲到中国改革之难：“即使搬动一张桌子，改装一个火炉，几乎也要血，而且即使有了血，也未必一定能搬动，能改装。”

蔡元培所坚持维护的，还不仅仅是学者个人的学术自由，在与林琴南的辩论中他指出：“无论为何种学派，苟其言之成理，持之以故，尚不达到自然淘汰之命运，虽彼此相反，而悉听其自由发展。”

蔡元培说：“大学者，‘囊括大典，网络众家’之学府也。”

“五四运动”时，一些人对学生运动颇有微词。5月18日，数千名学生在北大法科大礼堂为郭钦光举行追悼大会，段锡朋在会上对那些持有偏见看法的人回应道：“现在一般人每有一点误会，谓舍求学外，不能救国。不知时有缓急，事有轻重，今日何时，尚有我们伏读寒窗的工夫么。我们若是只管念书，终无争回青岛的一天。若是群起力争，或有达到目的的一日。”

孙中山在离世的前一天对身旁诸人嘱道：“余此次北来，欲以国民会议建设新国家，务使三民主义、五权宪法实现，乃为疾痼所累，行将不起，死生常事，本无足惜；但数十年来，为国奔走，所抱主义，终未完成，希望诸同志能努力奋斗，早日达到三民五权之主张，则吾死亦瞑目矣！”

黄侃作首七律《闺情》，诗中用一、二、三、四、五、六、七、八、九、十、百、千、万、半、双、两等数词，一气呵成，颇为有趣。诗曰：“一丈红蔷荫碧溪，柳丝千尺六阑西。二情难学双巢燕，半枕常憎五夜鸡。九日身心百梦杳，万重云水四边齐。十中七八成虚象，赢得三春两泪啼。”

钱玄同准备戒酒，为此特作“酒誓”以表决心：“我从中华民国二十二年七月二日起，当天发誓，绝对戒酒，即使面对周苦雨（周作人）马凡将（马衡）二人也决不敷衍。恐后无凭，立此存照。钱龟竟。”

北伐成功全国统一的时候，高中以上学校及大学的学生，都受军事训练组织学生军。在学生军成立典礼上，胡适致辞：“大家都知道当兵的丘八最狠，因为他们有武器；同时学生更狠，因为他们有头脑，有学问，所以人称丘九。今天学生组织了学生军，就变成丘十七，将来救国救民的责任，全在你们这批丘十七身上……”

傅斯年喜欢参政，但不喜欢从政。国民政权屡屡示意欲委以重任，傅不为所动，且说：“我们是要奋斗的，惟其如此，应永久在野，盖一入政府，无法奋斗也。”

李大钊在狱中撰写《自述》明志：“钊自束发受书，即矢志民族解放之事业，实践其所言，力行其所知，为功为罪，所不暇计。”

瞿秋白在敌人监狱中拍的一张照片上题词曰：“如果人有灵魂的话，何必要这个躯壳！但是如果没有的话，这个躯壳又有什么用处？！这并不是格言，也不是哲理，而是另外有些意思的话。”

郁达夫在《怀鲁迅》中写道：“没有伟大的人物出现的民族，是世界上最可怜的生物之群；有了伟大的人物，而不知拥护、爱戴、崇仰的国家，是没有希望的奴隶之邦。”

胡适说：“有什么话，就说什么话，话怎么说，就怎么写。”

鲁迅说：“一要生存，二要温饱，三要发展，苟有阻碍这前途者，无论是古是今，是人是鬼，是《三坟》《五典》、百宋千元、天球河图、金人玉佛、祖传丸散、秘制膏丹，全都踏倒它。”

徐志摩相信自己的理想是可以创造培养出来的。他对任公说：嗟夫吾师！我尝奋我灵魂之精髓，以凝成一理想之明珠，涵之以热满之心血，朗照我深奥之灵府。而庸俗忌之嫉之，辄欲麻木其灵魂，捣碎其理想，杀灭其希望，污毁其纯洁！我之不流入堕落，流入庸懦，流入卑污，其几亦微矣！

沈从文说：“一个具有独立思想的作家，能够追求这个民族一切症结的所在。”

林语堂说：“人类能梦想，这是非常重要的，而同样重要的是有时能嘲笑一下自己的梦想。”

刘半农善写打油诗，常署名“桐花芝豆馆主”。有人问他，这笔名缘何如此？刘笑着说：“桐子、花生、芝麻、大豆皆打油原料也。”

徐志摩在答复任公（梁启超）的信中不承认他是把他人的苦痛来换自己的快乐。他说：我之甘冒世之不韪，竭全力以斗者，非特求免凶惨之苦痛，实求心之安顿，求人格之确立，求灵魂之救度耳。人谁不求庸德？人谁不安现成？人谁不畏艰险？然且有突围而出者，夫岂得已而然哉？

卢作孚说：“人生的快慰不在享受幸福，而在创造幸福。不在创造个人幸福，供个人享受，而在创造公众幸福，与公众一同享受。”

鲁迅的《两地书》出版后，遭到了胞弟周作人的抨击。他先是评其“几乎丧失理性”，后来又在自己的作品《周作人书信》问世之初，写信给北新书局（其出版了鲁迅的《两地书》）：“没有办法，这原不是情书，不会有什么好看的。这又不是宣言书，别无什么新鲜的话可讲。反正只是几封给朋友的信，现在不过附在这集里再给未知的朋友们看看罢了。……兼好法师曾说，人们活过了四十岁，便将忘记自己的老丑，想在人群中胡混，私欲益深，人情物理都不复了解……”

1936年6月14日，章太炎病逝。去世前仅留一句遗言：“若有异族入主中夏，世世子孙毋食其官禄。”

瞿秋白在《告别》一文中写道：“这世界对于我仍然是非常美丽的。一切新的，斗争的，勇敢的都在前进！那么好的花朵，果子，那么清秀的山和水，那么雄伟的工厂和烟囱，月亮的光似乎也比从前更光明了。但是，永别了，美丽的世界！一生的精力已经用尽，剩下一个躯壳。”“告别了，这世界的一切。最后……俄国高尔基的《四十年》《克里摩·萨摩京的生活》，屠格涅夫的《鲁定》，托尔斯泰的《安娜·卡里宁娜》，中国鲁迅的《阿Q正传》，茅盾的《动摇》，曹雪芹的《红楼梦》，都很可以再读一读。中国的豆腐也是很好吃的东西，世界第一。永别了！”

1936年底，毛泽东专门为丁玲作《临江仙》一首：“壁上红旗飘落照，西风漫卷孤城。保安人物一时新，洞中开宴会，招待出牢人。纤笔一枝谁与似？三千毛瑟精兵。阵图开向陇山东。昨天文小姐，今日武将军。”

1938年1月7日梁漱溟到延安，与毛泽东谈话八次，其中两次谈了通宵。后来梁回忆说：“毛主席给我的谈话，就是《论持久战》的那些观点，中国不妥协，日本必败。”“我非常佩服他，五体投地的佩服。”

国民党四川省主席张群评价卢作孚：一个没有受过学校教育的学者，一个没有现代个人享受要求的现代企业家，一个没有钱的大亨。

1939年，在美国纽约的世界笔会上，林语堂发表了一篇《希特勒与魏忠贤》的演讲。他说，当今，希特勒在德国被一些人比为耶稣，由此他想起中国明朝有一位读书人称颂魏忠贤与孔夫子应当有同样的地位。那时反对魏的官吏全给杀了，而只有为他歌功颂德，才能保全自己。魏忠贤当权时与今日的德国如出一辙，声势显赫，但最后的结果如何呢？还不是自杀身亡！林语堂说："自杀乃是独裁者的惟一出路。"

高燮将书斋取名"可读斋"，斋旁有一个贮粮室，故撰一副门联云："世间惟有读书好，天下无如吃饭难。"

叶恭绰先生曾画竹、松各一幅，分别自题诗曰："报国效之心似铁，论交终矢直如弦。""不随高柳弄柔条，却伴霜松作后凋。"

1939年，老舍曾在《时事新报》发表如下自传：舒舍予，字老舍，现年四十岁，面黄无须。生于北平。二岁失怙，可谓无父；志学之年，帝王不存，可谓无君。无父无君，特别孝爱老母，布尔乔亚之仁未能一扫空也。幼读三百篇，不求甚解。继学师范，遂奠教书匠之基，及壮，糊口四方，教书为业，甚难发财，每购奖券，以得末彩为荣，示甘于寒贱也。二十七岁发奋著书，科学哲学无所懂，故写小说，博大家一笑，没什么了不得。三十四岁结婚，今已有一男一女，均狡猾可喜。闲时喜养花，不得其法，每每有叶无花，亦不忍弃。书无所不读，全无所获，并不着急。教书作事，均甚认真，往往吃亏，亦不后悔。如此而已。再活四十年，也许能有点出息。

齐白石说："在所有的古今名贤面前，我永远是一条忠实的走狗。"

萧红说："我一生最大的痛苦和不幸却是因为我是女人……"

陈寅恪自述："寅恪平生为不古不今之学，思想囿于咸丰、同治之世，议论近乎湘乡、南皮之间（湘乡指曾国藩，南皮指张之洞）。”

胡适最爱写的对联是“大胆地假设，小心地求证；认真地做事，严肃地做人”。

爱国名将冯玉祥曾写过这样一首小诗：“鸟爱巢，不爱树，树一倒，没处住，看你糊涂不糊涂！人爱家，不爱国，国如亡，家无着，看你怎么去生活！”

梁漱溟说：“我一生的是非曲直，当由后人评说。自己为人处世，平生力行的，就是：独立思考，表里如一。”

1941年至1942年，由于敌人的频繁“扫荡”和残酷的烧杀抢掠，使解放区的人力物力财力遭到严重的摧残。毛泽东说：“我们曾经几乎弄到没有衣穿，没有油吃，没有纸，没有菜，战士没有鞋袜，工作人员在冬天没有被盖。”为了克服这一系列困难，坚持敌后根据地，争取抗战的最后胜利，中共中央向各解放区发出了“咬紧牙关渡过难关”的号召，毛泽东写下了“自己动手，丰衣足食”的标语。

1945年8月13日，毛泽东做了《抗日战争胜利后的时局和我们的方针》的讲话，深刻分析了抗战胜利后中国政治的基本形势，揭露了中国反动派的本性，并告诫全党：蒋介石对于人民是“寸权必夺，寸利必得”，我们的方针是“针锋相对，寸土必争”。

梁漱溟座右铭曰：“情贵淡，气贵和。唯淡唯和，乃得其养；苟得其养，无物不长。”

1945年日本投降后，西南联大解散并迁回平津，傅斯年任北大代理校长，并严格执行他所说的“北大决不录用伪北大的教职员”。因此，周作人对傅斯年极为恨之，认为傅不过是一个外强中干的人，“又怕人家看出他懦怯卑劣的心事，表面上故意相反的显示很大胆，动不动就叫嚣，人家叫他‘傅大炮’，这正中了他的诡计。”

林语堂自诩为“一捆矛盾”。但在这番“矛盾”的自白中，却没有包括他的最矛盾的两句话：“文章可幽默，做事须认真。”

郁达夫在《创造日》创刊宣言中说：“我们想以纯粹的学理和严正的言论来批评文艺政治经济，我们想以唯真唯美的精神来创作文学和介绍文学。”

1948 年 9 月 30 日，国民党政府杀害了上海电力公司工会常务理事王孝和。王孝和在给父母的遗言中说：“这不讲理的政府就要垮台了！到那时冤白得申，千万不要忘那杀人魔王，与他算账！”

1949 年元旦，新华社发表了毛泽东挥毫写就的新年献词——《将革命进行到底》，毛泽东告诉大家：“敌人是不会自行消灭的，无论是中国的反动派，或者是美国帝国主义在中国的侵略势力，都不会自行退出历史舞台。只有彻底地消灭了中国反动派，驱逐了美国帝国主义的侵略势力出中国，中国才能有独立，才能有民主，才能有和平。”

1949 年 4 月 23 日，中国人民解放军渡江成功，南京解放，国民党在大陆的统治宣告结束。人民解放军冲进总统府，扯下国民党政权的国旗。毛泽东闻此喜讯，心潮澎湃，赋诗道：

钟山风雨起苍黄，百万雄师过大江。
虎踞龙盘今胜昔，天翻地覆慨而慷。
宜将剩勇追穷寇，不可沽名学霸王。
天若有情天亦老，人间正道是沧桑。

熊希龄的夫人朱其慧在1931年8月病逝后，内亲朱庭祺便热心介绍毛彦文与熊希龄认识。紧接着，两人在1935年于上海完婚，当时熊希龄63岁，毛彦文33岁。时有沈默贺联云：

且舍鱼娶熊，大小姐构通孟子。
莫吹毛求疵，老相公重作新郎。

50几岁的谭人凤对孙中山、黄兴等与袁世凯的妥协不以为然，遂作诗一首来表达自己的想法，诗云：

大地无宁宇，龙蛇斗未央。
宋因和局误，唐以镇兵亡。
救世无雄杰，乘时悉虎狼。
劝君权偃息，冷眼看沧桑。

名相士彭涵锋见过冯玉祥后，他用三国人物做比喻来评价冯玉祥，说他是“貌似刘备，才如孙权，而志比董卓，诈如吕布，运只袁绍耳”。

阎锡山在谈到年龄与健康的状况时，说道：“人的身体到五十岁时，会觉得一年不如一年；六十岁时就一月不如一月；七十岁时，是一日不如一日；而到了八十岁，就一时不如一时了。”

胡适40岁生日时，他的好友、著名地质学家丁文江，为他用白话文作了一副对联，给他祝寿。寿联为：凭咱这点切实功夫，不怕二三人是少数；看你一团孩子脾气，谁说四十岁为中年？

传统的中国社会要求妇女必须“三从四德”，而胡适则主张男女平等。他说男人也应该具备“三从四德”，既而解释“三从”指的是：太太出门要跟从、太太命令要服从、太太说错要盲从。“四德”指的是：太太化妆要等得、太太生日要记得、太太打骂要忍得、太太花钱要舍得。

台儿庄会战开战前，张自忠曾对随军采访的《联合画报》记者表示：“现在的军人，简单讲句话，就是怎样找个机会去死。因为中国所以闹到这个地步，可以说是军人的罪恶。十几年来，要是军人认清国家的危机，团结御侮，敌寇决不敢来侵犯。我们军人今天要想洗刷罪恶，完成对国家的义务，也只有一条路——去死，早点死，早点光荣地死！”

夏丏尊评价李叔同：“李先生教图画、音乐，学生对图画、音乐看得比国文、数学等更重。这是有人格作背景的原故。因此他教图画、音乐，而他所懂得的不仅是图画、音乐；他的诗文比国文先生的更好，他的书法比习字先生的更好，他的英文比英文先生的更好……这好比一尊佛像，有后光，故能令人敬仰。”

胡适描述丁在君：在君的为人是最可敬爱，最可亲爱的。他的奇怪的眼光，他的虬起的德国威廉皇帝式的胡子，都使小孩子和女人见了害怕。他对不喜欢的人，总是斜着头，从眼镜的上边看他，眼睛露出白珠多，黑珠少，怪可嫌的！我曾对他说：“从前史书上说阮籍能作青白眼，我向来不懂得；自从认得了你，我才明白了‘白眼对人’是怎样一回事！”他听了大笑。

章士钊仅见孙中山书法即已悦服：“一日，吾在王侃叔处，见先生所作手札，长至数百言，用日本美浓卷纸写，字迹雄伟，吾甚骇异，由此不敢仅以草莽英雄视先生，而起心悦诚服之意。”

蒋百里在德国深造期间，德国军事学家、《战略论》的作者伯卢麦将军拍着蒋的肩膀说：“拿破仑说过，东方将出现一位伟大的将军，这句话也许就应在你身上了。”

蒋梦麟评价蔡元培：先生日常性情温和，如冬日之可爱，疾言厉色。处事接物，恬淡从容，无论遇达官贵人或引车卖浆之流，态度如一。但一遇大事，则刚强之性立见，发言作文不肯苟同。

抗日名将吉鸿昌临刑前写下一首气壮山河的就义诗："恨不抗日死，留作今日羞。国破尚如此，我何惜此头。"

朱光潜赞誉李叔同："以出世的态度做人，以入世的态度做事。"

杨时逢对赵元任先生的评价是：赵先生不但在学术研究方面有莫大的成就，就是办事的才干和智慧，也非常人所能及。我们在一块儿工作，差不多十几年，他的为人在我的印象中，可以用下面几句话来形容：和蔼可亲不多言而使人敬畏，从来不与人大声争论，从未骂过人，就是讨论学问时，也都是和颜悦色，说话风趣幽默；一诺千金，答应做的事一定要遵行；天性纯厚，道德、风采、修养，都令人十分敬仰。真是一位典型的学者，值得我们效法。

敬挽第十四

陶澍去世后，林则徐撰写的挽联：大度领江淮，宠辱胥忘，美溢终凭公论定。前型重山头，步趋靡及，遗章惭负替人期。

胡林翼挽林则徐："报先帝而忠陛下，两朝开济属宗臣，表续出师，千古英雄同下泪；佐天子以活百姓，万口欢呼起司马，家传画像，四方妇孺皆知。"

左宗棠收复新疆后，曾专门到福建林则徐祠拜谒，并留下一副对联："三吴颂遗爱，鲸浪初平，治水行盐，如公皆不朽；卅载接音尘，鸿泥偶踏，湘间邗上，今我复重来。"

林则徐病逝，左宗棠悲愤不已，为其撰写一联曰：附公者不皆君子，见公者必是小人，忧国如家，二百余年遗直在；庙堂依之为长城，草野望之如时雨，出师未捷，八千里路大星颓。

曾国藩曾自拟墓志铭曰："不信书，信运气，公之言，传万世。"

曾国藩死后，左宗棠写挽联：谋国之忠，知人之明，自愧不如元辅；同心若金，攻错若石，相期无负平生。李鸿章写挽联：师事近三十年，薪尽火传，筑室忝为门生长；威名震九万里，内安外攘，旷代难逢天下才。

左宗棠27岁病重时所作自我述志的一副自挽联：此日骑鲸西去，七尺躯委残芳草，满腔血洒向空林。问谁来歌蒿歌薤，鼓琵琶冢畔，挂宝剑枝头，凭吊松楸魂魄，奋激千秋。纵教黄土埋予，应呼雄鬼；倘他年化鹤东归，一瓣香祝成本性，十分月现出金身。愿从此为樵为渔，访鹿友山中，订鸥盟水上，消磨锦绣心肠，逍遥半世。惟恐苍天负我，再作劳人。

郭嵩焘挽左宗棠联：世需才，才亦需世；公负我，我不负公。

1885年7月27日清晨，左宗棠在福州去世，享年74岁。慈禧太后接到丧折后，心情是复杂的，“左宗棠确实是一个不可多得的人才，怎么这么快就死了呢？不过死了也好，因为他太强悍，太无拘束。”

谭嗣同就义前赋诗云：“望门投止思张俭，忍死须臾待杜根。我自横刀向天笑，去留肝胆两昆仑。”又有绝命语：“有心杀贼，无力回天。死得其所，快哉快哉！”

梁启超写给李鸿章的挽联：太息斯人去，萧条徐泗空，莽莽长淮，起陆龙蛇安在也？回首山河非，只有夕阳好，哀哀浩劫，归辽神鹤竟何之。

严复为李鸿章作挽联曰：使先时尽用其谋，知成功必不止此；设晚节无以自见，则士论又当何如？

湘军名将彭玉麟与其妻方梅仙感情颇好，方梅仙去世后，他为悼念亡妻，有诗《题采石矶太白楼》云：诗境重新太白楼，青山明月正当头。三生石上因缘在，结得梅花当寒修。到此何尝敢作诗，翠螺山拥谪仙祠。颓然一醉狂无赖，乱写梅花十万枝。

杨度挽袁世凯：共和误民国？民国误共和？百世而后，再平是狱；君宪负明公？明公负君宪？九泉之下，三复斯言。

段祺瑞挽冯国璋：兵学砥砺最相知，忆当拔剑狂歌，每兴誓澄清揽辔；国事纠纷犹未已，方冀同舟共济，何遽伤分道扬镳。

辛亥革命后南北议和，伍廷芳任其事，颇费周折，久无成议。伍廷芳心劳力拙，须发为白；后病笃，遗言火葬。章太炎为挽联曰："一夜白须髭，多亏东皋公救难；片时灰骸骨，不用西门庆花钱。"

孙中山挽宋教仁，其一联曰：

三尺剑，万言书，美雨欧风志不磨，天地有正气，豪杰自牢笼，数十年季子舌锋，效庄生索笔；五丈原，一抔土，卧龙跃马今何在？冠盖满京华，斯人独憔悴，洒几滴苌弘血泪，向屈子招魂。

其二联曰：

作公民保障，谁非后死者？为宪法流血，公真第一人。

黄兴挽宋教仁，道出了袁世凯不断残杀革命党人的罪行，其联曰：

前年杀吴禄贞，去年杀张振武，今年又杀宋教仁。

你说是应桂馨，他说是洪述祖，我说却是袁世凯！

章太炎挽黄兴：无公则无民国；有史必有斯人！

章太炎撰黄兴墓志铭云：君性刚果，而对人媞顺如女子。

蔡锷挽黄兴联：以勇健开国，而宁静持身，贯彻实行，是能创作一生者；曾送我海上，忽哭君天涯，惊起挥泪，难为卧病九州人。

孙中山挽黄兴：常恨随陆无武，绛灌无文，纵九等论交到古人，此才不易；试问夷惠谁贤，彭殇谁寿，只十载同盟有今日，后死何堪。

杨度挽黄兴：公谊不妨私，平日政见分驰，肝胆至今推挚友；一身能敌万，可惜霸才无命，死生自古困英雄。

章炳麟挽黄兴：谤满天下，泪满天下；创造共和，再造共和。

唐绍仪挽蔡锷：奇气满东南，吾道不孤，应为苍生争一息；大名垂宇宙，人心未死，终教青史慰重泉。

康有为挽蔡锷：微君之躬，今为洪宪之世矣；思子之故，怕闻鼓鼙之声来。

梁启超挽蔡锷将军：国民赖公有人格；英雄无命亦天心。

黎元洪挽蔡锷联：一身肝胆生无敌；百战灵威殁有神。

孙中山挽蔡锷：平生慷慨班都护；万里间关马伏波。

小凤仙是蔡锷在京认识的红粉知己，蔡锷逝世后，为其写挽联两首，其一曰：不幸周郎竟短命，早知李靖是英雄。其二曰：万里南天鹏翼，直上扶摇，哪堪忧患余生，萍水姻缘成一梦；几年北地胭脂，自悲沦落，赢得英雄知己，桃花颜色亦千秋。

谭延闿相当讲究饮食，他家里有位姓曹的厨师，手艺极佳，颇得谭延闿的赏识。1930年谭延闿病逝后，曹厨师曾写一挽联道：

侍奉承欢忆当年，公子趋庭，我亦同尝甘苦味；

治国烹调非易事，先生去矣，谁识调和鼎鼐心。

陈炯明叛变革命后，自1923年起，蛰居粤东惠州，国民党人不少穿梭于广州、惠州之间，希望化解裂痕，消除对立，尤其是吴敬恒，为促成孙中山与陈炯明再合作，双方奔走。但是孙中山提出要陈炯明写悔过书，作为再合作的条件。陈炯明则以大丈夫要有过才认，不能根本无过而认错，致损害人格。因此吴敬恒的调解失败。1933 年陈炯明逝世，吴敬恒写一挽联道：

一身外竟能无长物，青史流传，足见英雄有价。

十年前所索悔过书，黄泉送达，定邀师弟如初。

林虎拜挽陈炯明：毁誉任时人，身后遗名，自与天相弊；低昂论世事，心仪联治，能于国有光。

于右任挽孙中山联：总四十年胼手胝足之工，直是为生民立命，为天地立心，历程中，揖让征诛举同尘土；流九万里志士劳民之泪，始知其来也有因，其生也有自，瞑目后，精神肝胆犹照人寰。

胡适挽孙中山联：慈故能勇，俭故能广；行之非易，知之惟艰。

孙传芳挽孙中山联：大业垂成，宏愿誓为天下雨；英灵永閟，悲思遥逐浙江潮。

宋庆龄挽孙中山联：志在求大同，热爱黎民热爱我；星沉乱方寸，痛哭社稷痛哭君。

宋庆龄挽孙中山联：负改造宏谟，许世以身，有功于民，有功于国，斯人卓著千秋业；综平生伟绩，大书其事，或布在方，或布在策，此后流传万古名。

黎元洪挽孙中山联：江汉启元戎，仗公同定共和局；乾坤试四顾，旷世谁为建设才。

方本仁挽孙中山联：海内失人豪，旷代勋名拼热血；浔阳传噩耗，大江日夜咽寒潮。

谭延闿挽孙中山联：旭日丽中天，数千古英雄，孰堪匹敌；大星沉朔野，率三湘子弟，共哭元戎。

段祺瑞挽孙中山联：共和告成，溯厥本源，首功自来推人世；革命勇往，无间终始，大年不假问苍天。

北京大学台湾学生会挽孙中山联：三百万台湾刚醒同胞，微先生何人领导？四十年祖国未竟事业，舍我辈其谁分担！

胡汉民挽孙中山联：博爱无穷，革命造共和，尽瘁犹为民众死；知行不二，遗书遍天下，创垂自与昔人殊。

孔祥熙挽孙中山联：奉令谒尊灵，念三年旅椟多惊，有缺省瞻惭重托；同侪承大业，虽此日中原初定，愿侬奋厉竟全功。

章炳麟挽孙中山联：孙郎使天下三分，当魏德萌芽，江表岂曾忘袭许；南国本吾家旧物，怨灵修浩荡，武夫无故入盟秦。

陈炯明挽孙中山联：惟英雄能生人杀人，功首罪魁，留得千秋青史在；以故交曾一战再战，私情公谊，公凭一寸赤心知。

杨度挽孙中山联：英雄作事无他，只坚忍一心，能成世界能成我；自古成功有几？正疮痍满目，半哭苍生半哭公。

章士钊挽孙中山联：景行有二十余年，鄙著记兴中，掩迹郑洪题字大；主义以三五为号，不才无党籍，追怀蜀洛泪痕多。

阎锡山挽孙中山联：人群进化，天下为公，壮志竟未申，大厦栋梁归后死；国难方殷，台星遽殒，平生期不负，十年蓝筚愧元功。

蔡元培挽孙中山联：是中国自由神，三民五权，推翻历史数千年专制之局；愿吾侪后死者，齐心协力，完成先生一二件未竟之功。

张作霖挽孙中山联：读遍中华廿四史，讵少英豪，扫清君主淫威，谁曾倡首；唤醒同胞亿万人，弥留付托，抱定民生主义，死不灰心。

李烈钧挽孙中山联：才逾汤武，功盖桓文，九万里震威名，天授如斯，前无古人，后无来者；持节疆场，运筹帷幄，十十年共患难，山颓安仰，上为国痛，下为私哀。

毛泽东挽孙中山：国共合作的基础为何？孙先生云：共产主义是三民主义的好朋友；抗日胜利的原因安在？国人皆曰：侵略阵线是和平阵线的死对头。

铃木格三郎挽孙中山联：烟雨凄迷，并海有人凝血泪；音容寂寞，黄河流水是哀声。

广濑顺太郎挽孙中山联：世事已无常，此日归休碧云寺；音容何处觅，他年凭吊紫金山。

日本驻青岛《日日新闻》社挽孙中山联：英雄已长逝，惜人才何分畛域；昊天之不吊，叹中华失此干城。

坂西利八郎挽孙中山联：当代推革新家，牺牲福利，拥护民权，誓扫欃枪成净土；先生为医国手，展翼西南，归功直北，长留仪范在人间。

白岩龙平挽孙中山联：是世界大英雄，创革合殊勋，三民五权，继志惟望后起；为东亚惜人杰，慨万方多难，山颓木坏，伤心同哭先生。

《京报》社社长邵飘萍与《新社会报》社社长林白水，都因文字得罪奉军而被杀。其中邵飘萍死于1926年4月26日，林白水死于同年的8月6日，两人正好相隔一百天。当时《京报》新闻上的标题是“萍水相逢百日间”。其二人的追悼会上，有挽联曰：一样飘萍身世，千秋白水文章。横批是：萍水相逢。

杨度自挽：“帝道真如，如今都成过去事；医民救国，继起自有后来人。”

高君宇的碑文是他生前自题相片的几句话，后由其恋人石评梅刻在碑上：“我是宝剑，我是大海，我愿生如闪电的耀亮，我愿死如彗星之迅忽。”

1928年，熊亨瀚就义前，在一块布上自写挽联曰：“十余载劳苦奔波，秉春秋笔，执教士鞭，仗剑从军，矢忠护党，有志未能伸，此生空热心中血；一家人悲伤哭泣，求父母恕，劝兄弟忍，温语慰妻，负荷嘱子，今冤终可白，再世当为天下雄。”

王国维挽沈曾植：“是大诗人，是大学人，是更大哲人，四昭炯心光，岂谓微言绝今日；为家孝子，为国纯臣，为世界先觉，一哀感知己，要为天下哭先生。”

杨度挽王闿运：“旷古圣人才，试以逍遥通世法；平生帝王学，只今颠沛愧师承。”

胡适挽梁启超：文字收功，神州革命；生平自许，中国新民。

张学良挽梁启超：是岭学传人，我思不见；以文言觉世，公得其时。

蔡元培挽梁启超：保障共和，应与松坡同不朽；宣传欧化，不因南海让当仁。

杨度挽梁启超：事业本寻常，胜固欣然，败亦可喜；文章久零落，人皆欲杀，我独怜才。

梁实秋等挽梁启超：承魏侔而教，撷孔穿而辩，断以己意；有江陵之才，得荆公之学，作新斯人。

章太炎挽梁启超：进退上下，式跃在渊，以师长责言，匡复深心姑屈己；恢诡谲怪，道通为一，逮枭雄僭制，共和再造赖斯人。

1931年，蔡和森在国民党反动派监狱英勇就义后，其妹蔡畅撰挽联曰：外斗争，中斗争，中外事起，大众讴歌开拓者；嫂去了，兄去了，兄嫂瞑目，小妹誓作后来人。

1931年徐志摩遇难，陆小曼悲痛欲绝，挥泪写下挽联一副：多少前尘成噩梦，五载哀欢，匆匆永诀，天道复奚论，欲死未能因母老；万千别恨向谁言，一身愁病，缈缈离魂，人间应不久，遗文编就答君心。

郁达夫挽徐志摩：两卷新诗，廿年旧友，相逢同在天涯，只为佳人难再得；一声何满，九点齐烟，化鹤重归华表，应愁高处不胜寒。

1932年，郭绍虞闻听自己的一位学生自杀身亡，他撰联挽之：原来如此世界，如此人生，活着有何意义？不过这样年华，这样学识，死了未免可惜！

向警予被国民党反动派杀害后，其婆母葛健豪撰挽联曰：同乡里，同留法，同一家，同甘共苦，戚戚焉，愚母惭愧未同去；先国家，先民族，先大众，先人后己，凛凛然，贤媳光荣已先归。

鲁迅挽瞿秋白：是七尺男儿，生能舍己；作千秋鬼雄，死不还家。

章太炎在苏州病故后，钱玄同除与在京同门以“先师梦奠，惨痛何极”发电致唁外，并挽以长联：缵苍水宁人太冲姜斋之遗绪而革命；萃庄生荀卿子长叔重之道术于一身。

1936年10月19日，鲁迅逝世。蔡元培与宋庆龄等人组成治丧委员会，料理葬礼事宜，并献吊鲁迅一副挽联：著作最谨严，岂惟《中国小说史》；遗言太沉痛，“莫做空头文学家”。

听到鲁迅逝世的消息，远在日本的郭沫若曾写过三副挽联。

一联是：方悬四月，叠坠双星，东亚西欧同殒泪；钦诵二心，憾无一面，南天北地遍招魂。另一联是：孔子之前，无数孔子，孔子之后，一无孔子；鲁迅之前，一无鲁迅，鲁迅之后，无数鲁迅。第三联是郭沫若以当时“左联”东京支盟领导的一个文艺团体“质文社”同仁名义书写的。联文是：平生功业尤拉化，旷代文章数“阿Q”。

上海学生剧团所送鲁迅的挽联是：熄了，光耀着世界的火炬；起来，不愿做奴隶的人们。既表达了对鲁迅的无限崇敬、深切悼念之情，也有对劳苦大众的号召。文字朴实无华，诚挚感人。

孙伏园挽鲁迅联：“踏《莽原》，刈《野草》，《热风》《奔流》，一生《呐喊》；痛《毁灭》，叹《而已》，《十月》《噩耗》，万众《彷徨》。”

齐白石挽胡沁园：诱我费尽殷勤，衣钵信真传，三绝不愁知己少；负公尤为期望，功名应无分，一生长笑折腰卑。

李大钊公葬时，时人挽其曰：南陈已囚，空教前贤笑后死；北李如在，哪用吾辈哭先生。

郭风惠挽张自忠：元戎陷阵，古今曾有几人，漫云季路结缨却为殉城怀阁部；处士虚声，辗转空劳三顾敢拟延陵挂剑，勉将直笔叙睢阳。

郭风惠代冯治安挽张自忠：不成功，必成仁，临阵几封书，公私事业均遗我；国未亡，家未破，凭报一雪涕，生死交情敢负君。

广州保卫战中，粤军团长郭勇阵亡，其妻挽之：遥想去年良辰美景，结兑香江，百年姻缘成幻梦；反观今日凄风苦雨，抚孤菲岛，三餐涕泪自伤清。

蒋介石挽宋哲元：砥柱峙中流，终伏威棱慑骄虏；星芒寒五丈，不堪殄瘁痛元良。

淞沪抗战时，川军团长解固基被炸身亡，尸不能收，墓中仅葬衣冠，邓锡侯挽之：枕戈以待，破釜而来，撑持半壁河山，黄埔滩头摧彭角；裹革无尸，沉沙有铁，留得一抔净土，青枫林下葬衣冠。

周恩来挽宋哲元：失地未收回，虎威昭垂芦沟月；绵阳惊不起，鹃声啼破锦江春。

朱德、彭德怀挽宋哲元：一战一和，当年变生瞬间，能大白于天下；再接再厉，后起大有人在，可无忧乎九泉。

苦难第十五

1841 年秋，英军从宁波城掳走一批妇女，全部卖到澳门做了妓女。此后，英军又攻陷镇江，极尽报复之能事，造成“无市不空，无家不破”“妇女尸满道上，无不散发赤体”之惨状。

天京沦陷时，城里的太平军只有 10000 多人，其中还有幼天王等一部分人突围出城。“两广老贼，纷纷撞城而出。”但是曾国藩上报说：曾国荃率所部在南京城内“分段搜杀，三日之间毙贼共十余万人。秦淮长河，尸首如麻”。这实际上是三天就屠杀了十余万南京居民。

清人记载：“金陵之役，伏尸百万，秦淮尽赤；号哭之声，震动四野。”所谓伏尸百万，除了战死者，就是曾国藩在城内外屠杀的平民。“皖南及江宁各属，市人肉以相食，或数十里野无耕种，村无炊烟。”

1875 年，华北旱情严重，山西更是大旱。时任山西巡抚的曾国荃，致信各省陈述灾民流离失所的惨状，请求各省施以援手。各处官吏纷纷劝捐助赈。不久，款项源源而至。为了防止一些官员乘机中饱私囊，李鸿藻推荐了善于理财的阎敬铭督办赈灾事宜。阎敬铭受命后，微服私访，结果在吉州石门地方发现朝廷所拨的京米堆积如山。问过百姓才知道是官员囤积居奇，牟取暴利。阎传唤州牧段某，问赈灾如何，段说米少。阎立即指某处囤米无数，段见事情败露，无言以对。阎致信曾国荃，立即奏劾革职。慈禧看到奏折后大怒，认为情重法轻，不足以示警，于是下旨就地正法。此后，放赈比较公平，各官员均有所收敛。

1878年，北洋大臣李鸿章在给山西巡抚曾国荃的信中说："节近春分，天高若秋。朝廷日事祷祈，靡神不举，而片云不起。若清明前后仍不获甘霖，数省生灵，靡有孑遗，我辈同归于尽，亦命也夫！"而曾国荃在写给朋友的信中也说："茫茫浩劫，亘古未闻，历观二十一史所载，灾荒无此惨酷。"这就是"丁戊奇荒"。

"丁戊奇荒"所波及的居民人数达1.6亿到2亿。直接死于饥荒和疫病的人数，至少在1000万人。从重灾区逃亡到外地的灾民达2000万人，依户部人口清册统计，1877年山西人口为1643.3万人，到1883年时仅为1074.4万人，净减568.9万人。其中太原府灾前人口为100万人，灾后仅剩5万人。

1881年年初，御史邓庆麟上奏，说京城缉捕不力，抢劫案件频发：去年8月，东四牌楼北花户王泰被杀；居住在朝阳门外的罗荣晋家被抢，主人被刺身亡，一直没有破案。朝廷立即责令步军统领衙门、顺天府及五城御史逐案严拿，务必擒获破案。数月后，凶犯仍然逍遥法外。随后，前门外明火抢劫的案件又接连发生。12月，孝陵中祭祀的镀金银盘也失踪了16件。朝廷震怒，将守陵官员、役夫等押解到刑部严加审讯，同时又不得不另拨了同等规格的镀金银盘祭祀。整个同治年间，京城大案、要案，各种恶性事件不断发生，能够破获的少之又少。

1884年，一位京官在奏疏里直陈当时农村情状："近因迭遭兵燹、水旱、瘟疫各大劫，人民损伤无算。更兼生计艰难，丁壮及岁，往往不能婚娶。产生女婴，率多溺毙……约计一村之中向有百人业耕者，三十人。而世风日降，人心亦未能近古，粮食收取租谷，甚为不易……贫瘠之田，竟至白送与人承粮而不肯受。”

1888 年 8 月 24 日，天坛祈年殿遭雷击起火。这次天灾把皇上祈谷祷天的殿阁烧得片瓦无存。虽然火灾因雷电而起，掌管祭祀礼仪的衙门太常市的官员们仍降二级留任，奉祀刘世印降一级调任，罚俸一年，工部重修被损毁的建筑。

1889 年 5 月，坐落在石碑胡同的神机营兵工厂发生爆炸。厂房全部坍塌，右侧相邻尼姑庵禅房的尺椽被炸飞，周围民房被震塌、烧毁者不计其数。爆炸中，人员死伤无数，人的残肢断臂随处可见。这一天亦正是护国寺庙市，市面上的琉璃器物全被震碎。由于发生爆炸时，兵工厂的工人正在外面吃饭，因此多数人幸免于难。事故发生后，步军统领只向上报告死亡 6 人，倒塌房屋及被殃及的无辜百姓只字未提。朝廷下令调查，最后只草草处分了厂管带、帮操、营总等官。

1900 年 8 月 16 日，八国联军洗劫北京，各国司令官“特许军队公开抢劫三日”，北京陷于空前的痛苦之中，这是中国首都数百年来首次为外国占领军洗劫。

日人植松良二之对八国联军入侵北京一事现场报道说：“巍然之橹楼，为联军击碎烧弃，已失数百年来巍奂之美观，旧迹留者，仅一二耳。城内外惨遭兵焚，街市毁失，十分二三。居民四面逃遁，兄弟妻子离散，面目惨淡。货财任人掠夺者有之，妇女任人凌辱者有之，不能自保。此次入京之联军，已非复昔日之纪律严明。将校卒军士，军士约同辈，白昼公然大肆掠夺，此我等所见。计城内富豪，官之居宅，竟无一遭此难者，决非过论。”“并将内外银库所贮银两，及钱法堂存贮新铸制钱数百万串，禄米等仓存贮米石，均皆搬运一空。”“并闻内廷各宫殿及颐和园内陈设，均已搜掠罄尽云。”

时人报道说，各国洋兵“俱以捕拿义和团、搜查军械为名，三五成群，身跨洋枪，手持利刃，在各街巷挨户踹门而入。卧房密室，无处不至，翻箱倒柜，无处不搜。凡银钱钟表细软值钱之物，劫掳一空，谓之扰城。稍有拦阻，即被戕害”。

瑞澄在家书中称：“各国洋兵已满九城，火光冲天者三日夜，地安门桥以南烧尽，西四至西单烧尽，朝阳门楼、前门楼均烧化为乌有。”

瓦德西给德皇报告称：“所有中国此次所受毁损及抢劫之损失，其详数将永远不能查出，但为数必极重大无疑。”“又因抢劫时所发生之强奸妇女，残忍行为，随意杀人，无故放火等事，为数极属不少，亦为增加居民痛苦之原因。”

八国联军洗劫了紫禁城、三海、皇史城、颐和园等。天坛损失祭器 1148 件，社稷坛损失祭器 168 件，祝寺丢失镀金佛 3000 余尊、铜佛 50 余尊、瓷佛 13 尊、瓷瓶 12 对、镀金器物 40 件、银器 7 件、铜器 4300 余件、锡器 58 堂件、幢幡 70 堂首、醵绣品 1400 余件、竹木器 110 余份、墨刻珍品 1600 余轴、乐器 100 余件。六部九卿等各衙署俱被各国军队占为营房，疯狂洗劫。銮驾库丢失辇乘 21 乘、銮驾 1373 件、车轿 12 件、玉宝 2 件、皇妃仪杖 282 件、皇嫔彩杖 84 件、新旧云盘伞各 1 件、锦缎旗面 133 件、象牙 9 只、象鞍 2 盘、战鼓 2 面、更钟 2 架、静鞭 2 件以及随什物若干。翰林院丢失数万册经史典籍，《永乐大典》又失去 307 册，钱法堂的数万串新铸铜钱、太常寺的金钢祭器、光禄寺的金银餐具，均被洗劫一空。日军从户部银库抢走 300 万两银子和无数绫罗锦缎，从内务府抢走 32 万石仓米和全部银两。仅各处库款所失约计银 6000 万两，其他典章文物、国宝奇珍的价值难以估算。

各王公府第也被洗劫一空。法军从礼王府抢走银子 200 余万两和无数古玩珍宝，又从立山家里抢走 365 串朝珠和约值 300 万两白银的古玩。日军从宝均府中抢走藏在井中的30万两白银，据内务府奏："皇宫失去宝物2000余件，内有碧玉弹24颗、四库藏书47506本、金时辰钟2具、李廷圭墨1台、琬挺大屏4扇、玉马1匹、《发逆玺雕》1本、真墨晶珠1串、发逆林凤翔、洪宣娇牙齿1合。至于民居、商号、店铺受损无从估计。"

入城之初，八国联军即包围各坛口搜捕义和团，仅在庄王府一处即杀团民1700多名，甚至凡遇中国人就放枪击杀。法军将一群中国人逼到一条死胡同里扫射15分钟，直到没有一个活人为止，使馆人员也以杀人为快事，进行杀人竞赛。北京街头尸积如山，联军驱逐华人清理处尸后，又把清理者全部击毙。

日军攻陷旅顺后，对无辜平民进行血腥屠杀，制造了惨绝人寰的大惨案。旅顺大屠杀的惨状，使支持日本侵略的美国也感到非常震惊，美国报纸说日本是"蒙文明皮肤具野蛮筋骨之怪兽"，"今脱文明之假面露野蛮之本体矣"。美国记者克列尔曼1894年11月24日自旅顺寄回美国的消息说："旅顺全境人民尽为日人残杀，连日屠杀手无军器及非抗敌之居民多至无数，残体死尸堆在街头，我目下执笔书此，仍闻枪弹之声。"

美国《纽约世界》记者克列尔曼于1894年11月24日（日军攻占旅顺后第4天）从旅顺发回国内的一篇通讯中说："我见一人跪在兵前，叩头求命。兵一手以枪尾刀插入其头于地，一手以剑斩断其身首。有一人缩身于角头，日兵一队放枪弹碎其身。有一老人跪于街中，日兵斩之，几成两段。有一难民在屋脊上，亦被弹打死。有一人由屋脊跌下街心，兵以枪尾刀刺插十余次。""战后第三日，天正黎明，我为枪弹之声惊醒，日人又肆屠戮。我出外看见一武弁带兵一队追逐三人，有一人手抱着一无衣服的婴孩，其人急走，将婴孩跌落。一点钟后，我见该孩已死，两人被枪弹打倒。其第三人即孩子之父，失足一蹶，一兵手执枪尾刀者即刻擒住其背。我走上前，示以手臂上所缠白布红十字，欲救之，但不能阻止。兵将刀连插伏地之人颈项三四下，然后去，任其在地延喘待死。”“次日（11月24日）我与威利阿士至一天井处，看见一具死尸。即见两兵屈身于死尸之旁，甚为诧异。一兵手执一刀，此两人已将尸首剖腹，刳出其心。”

英国法学家胡兰德在他的《关于中日战争的国际公法》中说：“当时日本官员的行动，确已越出常轨。他们从战后第二天起，一连四天，野蛮地屠杀非战斗人员和妇女儿童。在这次屠杀中，能够幸免于难的中国人，全市中只剩36人。而这36人，完全是为驱使他们掩埋其同胞的尸体而留下的。”“其中有一个叫鲍绍武的人说：‘我们来参加收集尸体时，看到有的人坐在椅子上就被捅死了。更惨的是，有一家炕上，母亲身边围着四五个孩子，小的还在吃奶就被捅死了。’”

1903年7月，“学识优良，性机警，广交游”的记者沈荩从外交界获得见不得光的《中俄密约》，在日本报纸全文披露，慈禧震怒，迅即将其缉捕。时逢慈禧万寿庆典，不宜公开杀人，于是竟悍然将沈荩活活杖毙于公堂之上。

光绪三十一年（1905），《申报》刊登了一则报道：“兹闻邹容于昨日黎明四点钟时，病死狱中。由某君派人收殓，髀骨肉尽，空存皮肉。”据说，邹容死状甚惨，不忍目睹，人皆疑为医师受贿害之。

民国期间，灾荒连年，百姓在一切“代食品”吃尽后，竟出现了“人相食”的惨剧。《国民日报》的记者曾写道：“道有饿毙者甫行作地，即被人碎割，血肉狼藉，目不忍睹。甚至刨墓掘尸割裂煮食，厥状尤惨。”

1912至1922年北洋军阀统治期间，军阀混战的次数达到了179次。1927年大革命失败后，先后又发生了国民党新军阀混战，日本帝国主义侵华战争等。连年的战乱加上自然灾害使大片的田地荒芜，引起饥荒；抓兵拉壮丁、交田赋使农民苦不堪言。

军阀张宗昌坐镇山东，时有民谣来倾诉其带来的灾难，民谣曰：张宗昌，坐山东，山东百姓受了坑；不怕雨来不怕风，怕的是兵来一扫清。也有葱，也有蒜，锅里煮的张督办；也有蒜，也有姜，锅里煮的张宗昌。山东百姓恨他已经恨得到了欲食其肉、寝其皮的程度。

1927年8月，孙传芳决计与蒋介石的北伐军开战。为了把军队从上海运到九江，他强行征用了7艘轮船招商局轮船。其中“江永”轮上载运了士兵1500余名，另有大量军衣与军米。一夜，轮船突然起火爆炸下沉，船长以下船员和士兵烧死、淹死者不计其数。

日军攻陷南京后，在南京犯下了滔天罪行。日本《东京日日新闻》从军记者铃木二郎记述道：“我随同攻陷南京的日军一道进城，在城内待了四天，目击日军无数暴行。”“十二月十三日，在中山门附近城墙见到极其恐怖凄惨的大屠杀。俘虏们在二十五公尺宽的城墙上排成一列，许多日本兵端着插上刺刀的步枪，齐声大吼，向俘虏们的前胸或腹部刺去，一个接着一个被刺落到城外去了。只见飞溅的血雨喷向半空，阴森的气氛使人汗毛直竖，我站在那里，吓得目瞪口呆，不知所措。可是，俘虏们有人脸上浮泛着冷笑，有人若无其事地大笑，等待着死亡。”

《朝日新闻》从军记者今井正刚说：“我于十二月十五日夜间，在大方巷《朝日新闻》办事处前面马路上，看到数千人头攒动，一望无际的中国人群，被赶赴下关屠场。在天色微明的扬子江畔，一片黑黝黝的尸体堆垒如山，在尸体里蠕动着人影，总有五十人乃至一百人以上，他们在日军刺刀的逼迫下转来转去拖曳着尸体，丢向江流里去。作业完毕，苦力们被排列在长江岸边，哒！哒！哒！一阵机关枪声，只见仰面朝天、翻身仆地、腾空跃起，一一都跌落江中，被滚滚波涛卷走。”

从1937年9月9日到10月14日的30几天中，日军在山西连续屠城，其中一次屠杀和平居民千人以上的大惨案就有：阳高1400人、天镇2100人、灵丘1000人、朔县3800人、宁武4800人、崞县1300人、南怀化1200人、雁门关2000人；与此同时，河北也血流成河：保定2500人、固安1500人、正定1506人、梅花镇1547人、成安5300人；而宁、沪、杭地区更被日本人浸入了血海：上海民众死难数万人，常熟被杀1500人、无锡数千人、江阴1000人、杭州4000人，南京大屠杀则高达35万人……

国统区的赈灾一般分为民赈和工赈。但是常年的战乱，使得国家政府财政空虚无力赈灾，几十万甚至百万灾民只有区区几万元的救济金，平均每人都不到一角钱。而那些阔官、大资本家都挥金如土，生活极为奢侈。

1940年6月28日，日本飞机轰炸重庆，造成“防空壕大窒息惨案”，遇难的重庆市民将近万名。大部分死者因窒息、挤压，衣服被撕烂，皮肤变成蓝黑色，其状惨不忍睹。

1941年至1942年，敌后抗日战场出现了极其困难的局面。日军集中大部在华兵力，对敌后战场进行残酷的“扫荡”“蚕食”“清乡”和“治安强化运动”，实行烧光、杀光、抢光的“三光”政策和经济封锁，给敌后根据地带来空前的灾难。据1941年10月统计，华北敌后抗日根据地人口只剩1300余万人，抗日根据地县城只剩涉县、黎城、平顺、范县、观城、阜平等6个，八路军由1940年的40万人减少到1941年的30万人。

1943年5月，3000名日军在湖南厂窖3天屠杀了32000多名中国人，包括数千名中国溃兵。其中一个班的12个日本兵，在一天（不到9个小时）的抢掠过程中，就枪杀和刺死了140多名中国人，还强奸了20多名妇女。

从1938年2月18日开始到1943年8月23日为止，日寇飞机对重庆市空袭 203 次，投弹 21048 枚，炸死炸伤 25532 人，毁房 17502 栋、42431 间。

在抗日战争中，中国军民伤亡总数达 3500 万人以上，财产损失达 5000 亿美元，中华民族付出了巨大的牺牲。战后初期，中国大地满目疮痍，许多家庭被离散，战时逃难的人们期待着尽快回到家乡，国家经济和交通十分紧张。

国民党 1947 年在台湾“二·二八事件”中的大屠杀，蒋经国遵照父旨，为“台湾存亡的必要，实施铁腕政策，只要行动可疑，经人检举，一概列入危险分子，格杀勿论”，于是“白色恐怖”笼罩全岛。

1948 年 12 月 3 日下午 4 时许，“江亚”轮满载着乘客 4000 多人、货物 175 吨，徐徐驶离码头，驶向吴淞口方向。下午 6 时 45 分，江亚轮船身后部右舷突然发出巨大的爆炸声，大量的江水迅速涌入舱内，致使船尾迅速下沉。旅客们对此非常惊慌，拼命向船头方向跑，顿时，哭声喊声响成一片。正当“江亚”轮发出求救信号和逐渐下沉时，附近洋面上有数艘船只，但却见死不救；只有“茂利”轮、“华孚”第一第二两渔轮及全源利机帆船驶来救援。10 分钟之后，船尾沉没水中，船头和甲板亦淹没。此次事故有 3200 余人丧生，仅有 900 余人生还，事后捞获尸体 1383 具。